Liebe Leserinnen, liebe Leser!

Stefan Spath *arbeitet seit 30 Jahren als Journalist, Autor und Texter in Wien. Die rasante Verwandlung der in den 1980er- Jahren noch „grauen" Stadt in eine spannende Metropole hat er hautnah miterlebt.*

Auch für den Fotografen **Toni Anzenberger** *ist Wien Heimatstadt. Aus seiner Sicht hat Wien touristisch gesehen derart viel zu bieten, dass man unter der Woche immer noch einige Highlights völlig ungestört genießen kann.*

Bei einem Telefonat mit Toni Anzenberger bezüglich Konzeption und Gewichtung dieses DuMont Bildatlas fragte ich ihn, welche ganz besonderen Unternehmungen er mir denn für meinen bevorstehenden Wien-Kurztrip empfehlen könne – abseits der großen bekannten Sehenswürdigkeiten. Es sprudelte nur so aus Toni Anzenberger heraus, und es wurde ein langes Telefongespräch.

Wandern und Wein

Ich habe in den vier Tagen Wien gar nicht allen seinen Empfehlungen folgen können. Aber eines bleibt mir dauerhaft in Erinnerung: Der von Toni Anzenberger favorisierte Stadtwanderweg von Nussdorf in die Wiener Weinberge war einmalig. Die Aussicht auf die Donau-Metropole ist grandios, und dann liegen an der Strecke Lokale wie der Heurige Wieninger. Wie herrlich man dort verweilen kann, sehen Sie auf S. 88/89. Ein Platz, den übrigens auch die Politprominenz zu schätzen weiß. Als Toni Anzenberger dort fotografierte, kamen zufällig (!) der österreichische und der deutsche Bundespräsident, Alexander Van der Bellen und Frank-Walter Steinmeier, in Begleitung ihrer Frauen vorbei, um nach einem Arbeitsmeeting den Tag entspannt ausklingen zu lassen.

Ganz edel und ganz alternativ

Auch Stefan Spath, der Autor dieses Bandes, schätzt Wiens Umland, aber natürlich hält er auch eine Fülle von Tipps für die Innenstadt für Sie bereit. Wo Sie wie die Wiener speisen können oder besondere Shopping-Erlebnisse genießen, präsentieren wir Ihnen in der Rubrik „Unsere Favoriten" (S. 22 bzw. 66). Hier stellen wir Ihnen auch ungewöhnliche Touren durch die österreichische Metropole vor (S. 110). Ich habe „Wien dekadent" ausprobiert, muss aber zugeben, der Kontrast zu „Wien von ganz unten II", der Supertramper-Tour, war hart.
Für Ihren Wien Aufenthalt wünsche ich Ihnen viel Vergnügen und Vorfreude beim Durchblättern und Lesen dieses DuMont Bildatlas.
Herzlich

Ihre

Birgit Borowski

Birgit Borowski
Programmleiterin DuMont Bildatlas

Anzeige

In dieser Karte steckt ganz Wien:

✓ **Freier Eintritt** zu über 60 Sehenswürdigkeiten

✓ Unlimitierte Nutzung der **HOP ON HOP OFF** Busse von VIENNA SIGHTSEEING

✓ **Vortritt** bei Einlasskontrollen

JETZT KAUFEN:
→ Online auf **viennapass.com**
→ Im **Vienna PASS Kundencenter** bei der Wiener Staatsoper

Get it NOW!

72 Der Beethovenfries, ein von Gustav Klimt im Gebäude der Wiener Secession gemalter Bilderzyklus.

Impressionen

Innere Stadt

Hofburg und Ringstraße

50 Je auffälliger, desto besser: Life-Ball-Auftakt am Rathausplatz

UNSERE FAVORITEN

BEST OF …

24 Mit Blick auf die Peterskirche: Fiaker am Graben

Maßstab 1:140.000
0
2
4km
Donau
KORNEUBURG
Bisamberg
Langenzersdorf
Hagenbrunn
Stetten
Enzersfeld im Weinviertel
GERASDORF bei Wien
DEUTSC WAGRA
KLOSTERNEUBURG
Wördern
Kritzendorf
Kierling
Weidling
STAMMERSDORF
STREBERSDORF
FLORIDSDORF
DONAUFELD
KAGRAN
DONAUSTADT
HIRSCHSTETTEN
STADLAU
ASPERN
ESSLING
DÖBLING
NUSSDORF
GRINZING
HERNALS
PENZING
HÜTTELDORF
HIETZING
WIEN
FAVORITEN
SIMMERING
LIESING
Perchtoldsdorf
Vösendorf
Brunn am Gebirge
Maria Enzersdorf
Biedermannsdorf
Wiener Neudorf
MÖDLING
Laxenburg
Guntramsdorf
Gumpoldskirchen
Leopoldsdorf
Maria-Lanzendorf
Lanzendorf
Himberg
SCHWECHAT
Zwölfaxing
Rauchenwarth
EBERGASS
Gießhübl
Hinterbrühl
Gaaden
Achau
Tiergarten
Naturpark Eichenhain
Naturpark Föhrenberge-Mödling
1
2
3
4
5
6
7
8
9
10
11

Topziele

Die bedeutendsten Sehenswürdigkeiten Wiens und Erlebnisse, die keinesfalls versäumt werden sollten, sind auf dieser Seite zusammengestellt. Auf den Infoseiten sind sie jeweils als **TOPZIEL** *gekennzeichnet.*

KULTUR

1 **Stephansdom:** Wiens Wahrzeichen ist eine Schatztruhe der gotischen Kunst und steckt voller Überraschungen. **Seite 35**

2 **Hofburg:** Wo schlief der Kaiser? Wie hielt sich „Sisi" fit? Faszinierende Einblicke im einstigen Zentrum der Habsburger-Macht. **Seite 55**

3 **Kunsthistorisches Museum:** Die weltgrößte Bruegel-Sammlung, die Saliera ... Das KHM gehört zu den Top Ten der Welt. **Seite 56**

4 **Belvedere:** Vor 100 Jahren starb Gustav Klimt. Das Belvedere präsentiert die Meisterwerke des Jugendstilmalers, allen voran „Der Kuss". **Seite 86**

ERLEBEN

5 **Rathausplatz:** Festivals, Markttreiben, Sport-Events – vor dem Haus am Ring zeigt sich Wien weltoffen und erlebnisreich. **Seite 55**

6 **Prater:** Ob eine Riesenrad-Runde, ein Hauptallee-Spaziergang oder eine Schweizerhaus-Stelze, im Prater kommt keine Langeweile auf. **Seite 70**

7 **Donaukanal:** Die sommerliche Flaniermeile Wiens bietet Szenelokale, Strandflair und jede Menge Spaß. **Seite 71**

8 **MuseumsQuartier:** Museen, Lokale, Events – wo sich zur Kunst das pralle Leben gesellt. **Seite 85**

9 **Schönbrunn:** Auf Grand Tour durch das Habsburger-Paradeschloss und den Schlosspark. Je früher am Morgen, desto entspannter. **Seite 100**

AKTIV

10 **Alte Donau:** Pack die Badehose ein! Die Strandbäder Gänsehäufel und Co. verheißen Abkühlung und entspannte Bootstouren. **Seite 69**

11 **Kahlenberg:** Von Wiens schönster Aussichtsloge durch Weinberge hinab in die Stadt – Stärkung beim Heurigen inklusive. **Seite 99**

Servus in Wien!

Imperiale Fassaden, Embleme des vor 100 Jahren untergegangenen Kaiserreiches, Fiaker, die gelassen ihre Runden durch die Altstadt drehen: Am Michaelerplatz vor den Toren der Hofburg zeigt sich Wien von seiner nostalgischen Seite – wie gefangen in einer Zeitblase. Wien ist aber viel mehr als ein Museum: Die schnell wachsende Donau-Metropole bringt moderne Architektur, Lebenslust und Events rund ums Jahr unter einen Hut – ein Paradies für Besucher.

Zugpferde des Wien-Tourismus

Das sind die Heurigenlokale und die Kaffeehäuser, Kaiserin „Sisi“ und die Wiener Sängerknaben, und natürlich auch die weltberühmten Lipizzaner, die nach bestandener Ausbildung den Titel „Professor“ führen. Gestriegelt und herausgeputzt – so präsentieren sich zwei der Edel-Hengste mit dem Oberstallmeister Hamminger vor einem ihrer Auftritte in der Spanischen Hofreitschule. Ob Stallbesichtigung, Morgenarbeit oder Galavorführungen, die perfekte Vermarktung des „weißen Balletts“ gehört dazu. Perfekt vermarktet sich auch ihre Heimatstadt. Längst zählt Wien zu Europas beliebtesten Städtezielen – die Besucher kommen in Scharen.

ÖGV

Wie es euch gefällt

Wie auf einer Perlenkette sind an der Ringstraße die wichtigsten Kulturtempel Wiens aufgefädelt – darunter das 1888 eröffnete Burgtheater (Foto), eine der renommiertesten Adressen für Schauspielkunst im deutschsprachigen Raum. Großes Schauspiel wird auch gegenüber geboten. Egal ob Musikfilm-Festival, Christkindlmarkt, Festwochen-Eröffnung oder der Rote Teppich beim kultigen Life Ball – der große Platz vor dem Rathaus ist zum Aushängeschild für die weltoffene Stadt avanciert.

Aus dem Vollen geschöpft

Wenige andere Metropolen sind dermaßen dicht mit Kunstschätzen gepflastert wie Wien. Das Kunsthistorische Museum lockt mit der größten Bruegel-Sammlung der Welt, das Belvedere mit Schlüsselwerken des Jugendstil-Genies Gustav Klimt, die Albertina beherbergt eine der wertvollsten grafischen Sammlungen der Welt. Für Kunstfreunde heißt das: die Museumshäppchen gut einteilen.

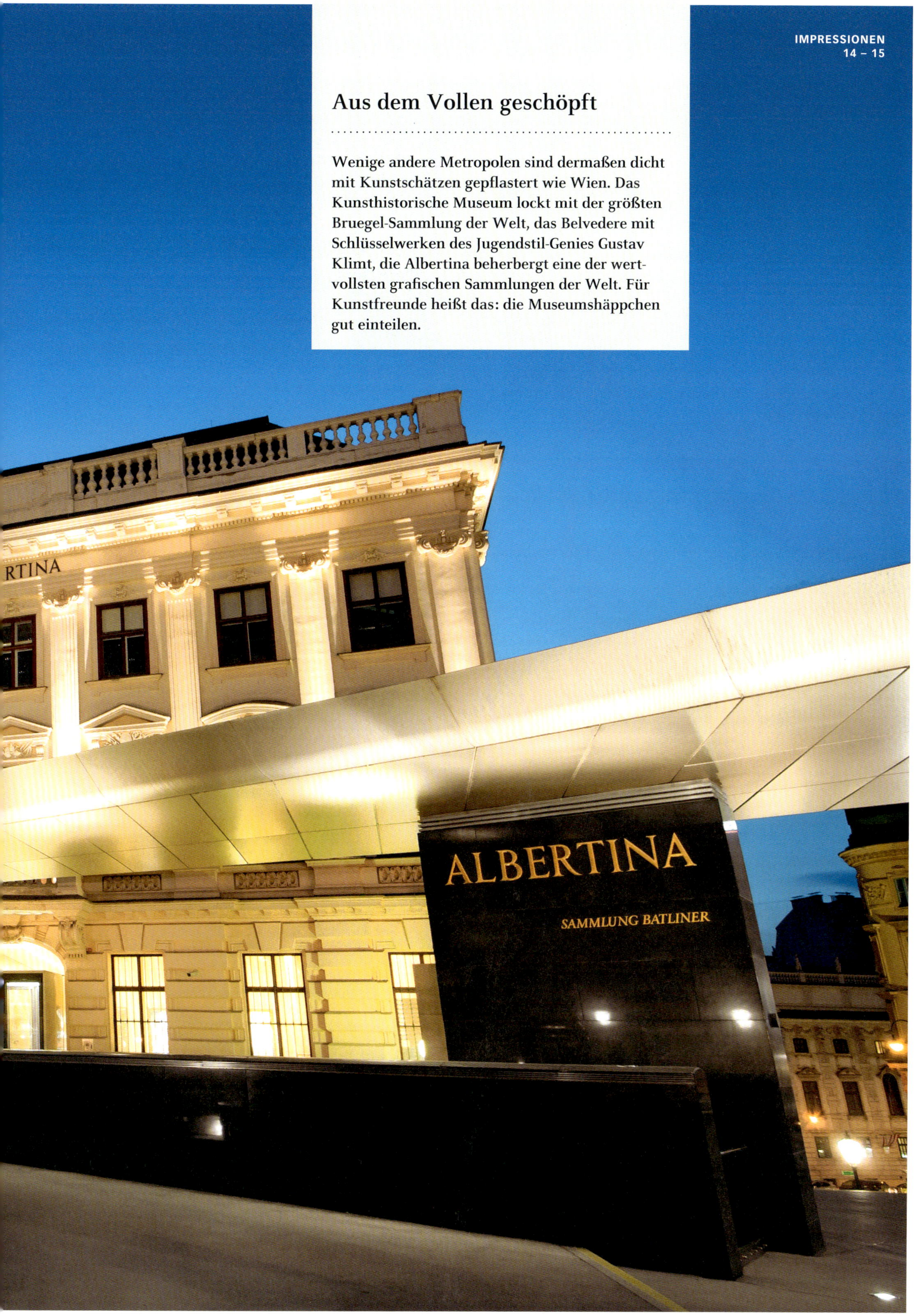

Erst Mauerblümchen, nun Freizeitmekka

Alles neu: So lautet seit ein paar Jahren die Devise am lange vernachlässigten Donaukanal. Hier, wo die Donau einen Boten an den Rand der Innenstadt entsendet, erstreckt sich die jüngste der schillernden Wiener Freizeitmeilen. Eine Runde Beachvolleyball? Ein paar Längen auf dem Badeschiff ? Oder lieber einen Cocktail im Liegestuhl? Für das perfekte Sommer-Feeling wird in der „Strandbar Herrmann“ mit Tonnen von Sand gesorgt. Wenn die Sonne vom Himmel lacht, haben Wien-Besucher die Qual der Wahl.

AFRO COFFEE
AFRO COFFEE

Bitte nicht be-
treten!

Die Umgebung macht die Musik

„Die meisten sogenannten Sehenswürdigkeiten sind vom vielen Hinschauen ganz abgenutzt.“ Wem es so geht wie dem Wiener Original Helmut Qualtinger, der muss raus aus der Stadt. Zu einer Zeitreise wird der Besuch des Klosters Heiligenkreuz. Sieben Mal am Tag versammeln sich die Mönche in der Abteikirche, um mit meditativem Gesang Gott zu preisen.

Edel die Fassaden, noch edler die Geschäfte

Wo beginnen? Am besten mit einem Stadtbummel, dort, wo bereits Wolfgang Amadeus Mozart seine Schritte setzte – und zeitweise auch lebte. Einen Steinwurf vom Stephansdom entfernt, war der Graben (Foto) Wiens erste Fußgängerzone. Auch die Kärntner und ebenso die Mariahilfer Straße: ein Mekka der Fußgänger. Internationale Marken und Flagshipstores geben zwar den Ton an, doch haben sich auch Wiener Traditionsgeschäfte gehalten. Nur nicht hudeln – sprich: keine Hektik aufkommen lassen!

KNIZE
SALE
CHANEL

Kleine Einkaufsstraßen

Abseits ausgetretener Pfade

Es müssen nicht immer Kohlmarkt, Kärntner oder Mariahilfer Straße sein: Abseits der bekannten Adressen locken Erlebnisse der entspannteren Art. Von den Kreationen aus dem Modemekka im Bezirk Neubau bis zum ausgefallenen Upcycling aus dem Freihaus-Viertel spannt sich der Bogen. Auch in die Altstadtläden mit k.u.k.-Tradition sollte man einen Blick werfen. Hier sind die besten Tipps.

1 Entspannter City-Einkauf

Ein entspanntes Shopping-Universum erstreckt sich auf der Wollzeile. Die Bio-Pioniere von Sonnentor (Wollzeile 14) verwöhnen ihre Kunden mit raffinierten Tee- und Gewürzkompositionen; seit 1870 bereits im Geschäft „Thee"-Schönbichler (Wollzeile 4), das als zweites Standbein exquisite Spirituosen zu bieten hat. Berger Feinste Konfiserie (Nr. 22) steuert aus Salzburg ausgefallene Schokoladesorten und Konfekt bei. Feinkost, edles Geschirr und feine Mode gibt es zwischen Stephansdom und Ringstraße auch. Und wer etwas zu Wien in Erfahrung bringen will, ist in der Buchhandlung Morawa (Wollzeile 11) richtig. Die Qual der Wahl haben Flanierer in Sachen Kaffeehaus: Am oberen Ende lockt das „Diglas" mit erlesenen Torten, am unteren Ende das „Prückel" mit 1950er-Jahre Flair. Und für den großen Hunger gibt's den „Plachutta".

Wollzeile, 1. Bezirk, U1/U3 Stephansplatz, U3 Stubentor; www.wollzeile.com, www.sonnentor.com, www.confiserie-berger.at, www.morawa-buch.at

2 K.u.k.-Nostalgie

Die Ära der K.u.k.-Hoflieferanten ist seit 100 Jahren Geschichte, doch mancherorts kauft man in der Innenstadt noch ein wie zu Kaisers Zeiten. Wo einst der „Knopfkönig" ansässig war, bringt heute der „Schokoladenkönig" Leschanz seine süßen Kreationen an das Publikum. Das Interieur aus der Monarchie blieb wie es war, allein wegen der dunkelbraunen Schubladenschränke ist der Laden in der Freisingergasse 1 ein Muss für Nostalgie-Shopper. K.u.k.-Patina verströmt auch das Tuchgeschäft Wilhelm Jungmann & Neffe (Albertinaplatz 3). Erlesenste Stoffe, Krawatten, Tücher, Schals – ansehnlich arrangiert in Regalen und unter einem Deckengemälde aus der Ringstraßen-Ära. Die Juweliere A. E. Köchert (Neuer Markt 15) fertigten für Kaiserin Elisabeth ein berühmtes Set von 27 Brillantsternen an. Das Set gibt es wieder, auch der Laden selbst ist ein Juwel.

1. Bezirk, U 1/U3 Stephansplatz; www.leschanz.at, www.feinestoffe.at, www.koechert.com

3 Modemekka

Im Grätzel (Viertel) um Kirchen-, Siebenstern- und Neubaugasse knüpfen junge Designerinnen an große Modegeschichte an. Stylishe Kleidung schmückt die Auslagen – beispielsweise bei ulliKo (Kirchengasse Nr. 7) und bei Göttin des Glücks (Nr. 17). Sollte Brad Pitt wieder eine lässige Kopfbedeckung brauchen: Hut Mühlbauer (Neubaugasse 34) ist ihm ja bekannt. 7tm, eine Plattform für Mode- und Designgeschäfte, richtet geführte Shopping-Touren aus. In den Restaurants am Spittelberg klingt das Shopping-Erlebnis entspannt aus.

Neubau-Viertel, U3 Neubaugasse, U2 Museumsquartier, Bus 13A Kirchengasse, Straßenbahn 49 Siebensterngasse; www.ulliko.com, www.gdg-fashion.com, www.neubaugasse.at, www.7tm.at

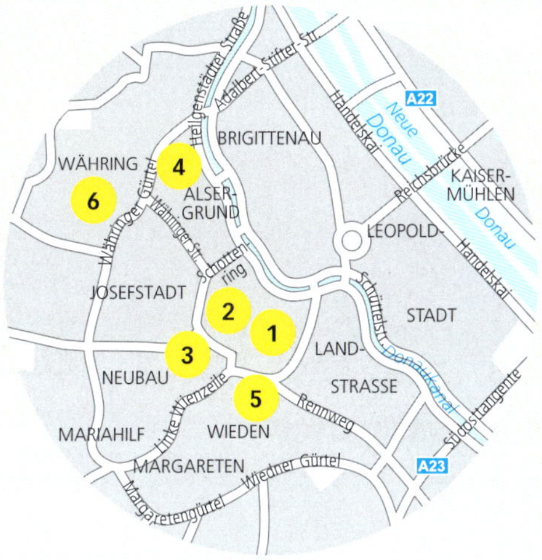

4 Bezaubernd

„Klein-Paris" lautet der Beiname des charmanten Servitenviertels im neunten Bezirk. La Mercerie (Berggasse 25) punktet mit herrlichen Croissants. Der Blick fällt gegenüber auf die prachtvolle Ladenfront der Xocolat Manufaktur (Servitengasse 5) – ein Schlaraffenland für Pralinen-Liebhaber. Ein paar Meter weiter verlockt „La Pasteria" mit Feinem aus Italien. Und rund um die barocke Servitenkirche bietet Wien beinahe ein dörfliches Ambiente.

Servitenviertel, 9. Bezirk, Servitengasse und Berggasse, U4 Rossauer Lände, Straßenbahn D Schlickplatz; www.xocolat.at, www.lapasteria.at

5 Angesagte Kreative

Auch im Freihaus-Viertel in Naschmarkt-Nähe geben Kreative den Takt an. Aus alt mach trendig, lautet die Devise bei Gabarage Upcycling Design (Schleifmühlgasse 6), wo vermeintlich Ausrangiertes zu originellen Lampen, Mode-Gadgets wie Rucksäcken und witzigen Accessoires veredelt wird. Fashionistas kommen bei Flo Vintage (Schleifmühlgasse 15) auf ihre Kosten: „Heaven for vintage fans", schwärmte der Louis-Vuitton-City-Guide. Dazu gibt es verblüffende Fachgeschäfte für Perlweine, Kochbücher und klassisches Möbeldesign. Im Generationencafé „Vollpension" verführen sündhaft gute Kuchen wie bei Oma (Schleifmühlgasse 16).

Freihaus-Viertel, 4. Bezirk, Schleifmühlgasse zwischen Wiedner Hauptstraße und Wienzeile, U1, U2, U4 Karlsplatz, Bus 59A Schleifmühlgasse, Straßenbahn 1 und 62 Paulanergasse; www.gabarage.at, www.flovintage.com

6 Klein und fein

Abseits der Touristenpfade verspricht der Kutschkermarkt in Wien-Währing ein entspanntes Einkaufserlebnis. Die Verkaufsstände rund um die Kirche St. Gertrud halten vom Biogebäck bis zum Grubenkraut ein Panoptikum an Genüssen bereit. Der Stand von Irene Pöhl ist Anlaufstelle für Liebhaber ausgefallener Käsesorten – degustiert wird gegenüber. Vom „Café Himmelblau" aus hat man das Treiben im Blick, das am Samstag mit dem Bauernmarkt noch einen Zahn zulegt. Die Shops auf der Währinger Straße runden das Angebot des „Mini-Naschmarkts" im bürgerlichen Vorort ab. Eine Confiserie, Boutiquen und Petra Hartliebs charmanter Buchladen (Währinger Straße 122) – alles im Umkreis von lediglich 50 Metern.

Kutschkermarkt, 18. Bezirk, Kutschkergasse und Währinger Straße, U6 Währinger Straße, Straßenbahnen 40 und 41 Kutschkergasse; www.amkutschkermarkt.at

Eine Runde um den Stephansdom

Gassen mit mittelalterlichem Charme, quirlige Shopping-Meilen und unzählige Straßencafés machen die Innere Stadt zum Magneten für jeden Wien-Besucher. Über den touristischen Trubel zu seinen Füßen wacht würdevoll und gelassen der Stephansdom. Schlank und elegant markiert „der Steffl“ das Zentrum der Stadt.

Blick vom Nordturm des Stephansdoms: Die Sommersonne versinkt im Westen Wiens

Mit bestem Blick auf den Stephansdom, dessen Steildach bunte Dachziegel zieren: Wintergarten des „Do & Co Restaurant" im Haas-Haus am Stephansplatz

„Die Donau blitzt aus tiefem Grund,
der Stephansturm auch ganz von fern,
guckt übern Berg und säh´ mich gern …"

Josef von Eichendorff (1788–1857) blickt vom Bisamberg auf Wien

Heute sind es Wolkenkratzer im Orient und Fernost, die das höchste an Architekturgefühlen zum Ausdruck bringen – im späten Mittelalter bildete der gotische Stephansdom gut 50 Jahre lang das höchste Gebäude Europas. Das Wahrzeichen und spirituelle Zentrum der Stadt ist eine faszinierende Zeitkapsel und steckt voller Überraschungen – von den Katakomben bis zum Turmkreuz 136,4 Meter über dem Menschengewühl des Stephansplatzes.

Viele Geheimnisse und kuriose Details ranken sich um den wichtigsten gotischen Sakralbau Österreichs. Bei der Renovierung der Turmspitze im Jahr 2008 kam Erstaunliches ans Tageslicht. Eine Kielfeder und eine Urkunde von Kaiser Franz Joseph; eine Fotografie mit der Belegschaft der Dombauhütte, die vor 150 Jahren die schwierige Arbeit meisterte, das Turmkreuz neu zu montieren. Die Tradition, neben Reliquien auch Alltagsgegenstände in den Turmspitzen zu deponieren, ist wahrscheinlich so alt wie der „Steffl" selbst, dessen Bau schon ins 13. Jahrhundert zurückreicht. 2008 fanden ein Panini-Heft von der seinerzeitigen Fußball-Europameisterschaft, ein Mobiltelefon und eine Kreditkarte Aufnahme in die Turmkugel – bei der nächsten Renovierung in gut 150 Jahren können die Historiker also davon ausgehen, dass einst Fußball, Kommunikation und Konsum die Menschen besonders beschäftigten.

St. Stephan war ursprünglich eine Kirche der einfachen Wiener und Wienerinnen. Zur gotischen Dienstbotenmadonna beteten einst Wiens Mägde und Knechte, die ein schweres Los erwischt hatten. Am Adlertor unter dem Nordportal ragt eine unscheinbare Eisenspule aus dem Sandstein – Leopold III. hatte diesen Ort vor etwa 600 Jahren als Zuflucht bestimmt. Durch Berühren des Asylrings, den die Wiener bald Leo nannten, stand man unter Schutz. Wenn Wiener Kinder heute beim Fangenspielen „Bin im Leo!" ausrufen, so sind sie im geschützten Bereich tabu für den Fänger – und stehen zum anderen in einer Tradition, die ins Mittelalter zurückreicht.

Tausende Besucher strömen Tag für Tag in die Domkirche, um das erhabene gotische Ambiente auf sich wirken zu lassen. Von der prachtvoll gearbeiteten Domkanzel blickt den Betrachter der „Fenstergucker" an, wahrscheinlich ein Selbstporträt des Steinmetzmeisters, als wolle er über die Jahrhunderte sagen: Seht, was ich geschaffen. Auch wenn die Bindung der Religion nachgelassen hat, so werden doch von der Früh an bis in den Abend Gottesdienste abgehalten,

Zu den ältesten Teilen des Stephansdoms gehört das Riesentor, der Hauptzugang, samt den beiden flankierenden Heidentürmen. Um deren Erhaltung kümmert sich die Dombauhütte – zu tun gibt es immer (oben links). Wien-Blick vom „LOFT Restaurant" des Hotels „Sofitel Vienna Staphansdom" (oben rechts)

Die spätbarocke Peterskirche mit ihrer markanten Kuppel wurde zu Beginn des 18. Jahrhunderts in Anlehnung an ihr gleichnamiges römisches Vorbild errichtet

Das Kirchenschiff des Stephansdoms säumen Altäre und Kapellen aus allen Jahrhunderten der Existenz dieser erzbischöflichen Kathedrale

Boutiquen, Juweliere und Souvenirhändler machen hier glänzende Geschäfte: Kohlmarkt mit der Hofburg im Hintergrund (rechts). Eine Wiener Institution: das „Hotel Sacher" in der Philharmonikerstraße (links unten)

Weniger eine Straße, schon fast ein Platz: Die Flaniermeile Graben hatte einst als Wehrgraben eines Römerlagers begonnen. Seit 1693 schmückt ihn unübersehbar die barocke Pestsäule, von Kaiser Leopold I. zum Dank für das Ende der Pestepidemie in den 1670er-Jahren gestiftet

Das 1860 errichtete Palais Ferstel bietet in seiner Passage wetterunabhängiges Einkaufsvergnügen

Mit 2 PS geht es über den Platz „Am Schulhof", vorbei am reich bestückten Uhrenmuseum

in mehreren Sprachen nehmen Priester die Beichte ab. Und trotz des ständigen Kommens und Gehens ist die Atmosphäre respektvoll – Bereiche sind für jene abgetrennt, die in Ruhe beten wollen.

Der markante Südturm ist bis zu einer Höhe von 67 Metern für Besucher zugänglich. Eine enge Schneckentreppe windet sich über 343 Stufen vorbei an gotischen Fratzen hinauf in die Türmerstube, wo die Wächter der Stadt nach Bränden Ausschau hielten. Die jetzigen Turmkletterer zieht das atemberaubende Panorama an. Bis zum Kahlenberg und zum südlichen Wienerwald reicht der Blick. Im Vordergrund glitzert das mit 230 000 bunt glasierten Ziegeln belegte Dach der Prachtkirche.

Durch die ältesten Teile Wiens

Der Blick von oben macht Lust auf Erkundungen. Die klappernden Hufe der Fiakerpferde, die neben dem Dom ihren größten Stellplatz haben, versetzen einen soundmäßig in das mittelalterliche Wien. Ortsnamen wie Bäckerstraße und Wildpretmarkt erinnern an den alten Zweck der Gassen, die sich nördlich und östlich des Stephansplatzes durch die ältesten Teile Wiens winden – jene, wo die Römer im ersten nachchristlichen Jahrhundert ihr Vindobona gegründet hatten. Hier halten Schwibbögen die Häuserzeilen auf Abstand, dort gibt ein barockes Portal einen Innenhof mit umlaufenden Pawlatschengängen frei, laubenähnlichen Zugängen zu den Hinterhauswohnungen. In der schmalen Domgasse erinnert ein Museum an Wolfgang Amadeus Mozart, den es wie viele andere Musiker in die Residenzstadt und „Welthauptstadt der Musik" gezogen hatte.

„Wer das „Café Korb" kennt, der geht immer wieder hin. Man kann dort den besten Apfelstrudel essen ..."

Schriftstellerin Elfriede Jelinek

Am Logenplatz der Innenstadt

Die noble Seite der Wiener City hebt mit dem Graben am Westende des Stephansplatzes an. Herrschaftliche Gebäude Tür an Tür, kaum eine Fassade an dem lang gezogenen Platz, die nicht ein schönes Detail zu bieten hätte. Das ganze Jahr über herrscht Hochbetrieb. Die Straßencafés verlangen stolze Preise – das gehört zum Standard am Graben, der zusammen mit Kärntner Straße und Kohlmarkt das „Goldene U" des Wiener Handels bildet, heutzutage durchgängig eine Fußgängerzone. Französischer Chic neben extravaganten Schuhen aus Mailand, glitzernde Colliers aus New York neben Chronometern für den Mann von Welt. In puncto Glanz setzt das „Goldene Quartier" mit den Flagshipstores internationaler Luxusmarken noch eins drauf. Das Geld scheint aus dem Pflaster zu quellen, blickt man in die Schaufenster von Prada bis Alexander McQueen, von Vivienne Westwood bis Jimmy Choo. In diesem Setting behauptet sich hie und da noch ein Traditionsgeschäft mit stolzer Vergangenheit als Lieferant des Wiener Hofes.

Haben schon gewählt?

Die Wege durch die Innenstadt sind mit kulinarischen Versuchungen geradezu gepflastert. Vielleicht ein delikates Brötchen vom „Trzesniewski"? Seit 1902 treffen die sogenannten Aufstriche aus der Dorotheergasse den Geschmack der Wiener. Oder eine Mehlspeise? Das „Café Diglas" in der Wollzeile hat die beste Bananenschnitte der Stadt, das „Café Korb" gewichtige Fürsprecher, wenn es um Apfelstrudel geht. Ganz zu Hause fühlen sich Süßspeisentiger beim „Demel". In der einstigen k.u.k. Hofzuckerbäckerei am Kohlmarkt kann es mitunter passieren, wie zu Kaisers Zeiten mit „Haben schon gewählt?" angesprochen zu werden.

Über ein Netzwerk von Händlern in ganz Europa und auf Auktionen brachte Maria Theresias Schwiegersohn Albert von Sachsen-Teschen 14 000 Zeichnungen und 200 000 Druckgrafiken in seinen Besitz und schuf damit den Grundstein der Albertina (oben). Chagall, Basquiat, Man Ray oder Gerhard Rühm – mit Klassischer Moderne und Nachkriegs-Avantgarde sorgt das Bank Austria Kunstforum Wien immer wieder für Glanzlichter (links unten)

Spinnweben sucht man vergeblich, die Kapuzinergruft im Kapuzinerkloster bietet beste konservatorische Bedingungen: Maria-Theresia-Gruft mit dem Doppelsarkophag Maria Theresias und ihres Gatten Franz Stephan

Im Haus der Musik sind außergewöhnliche Klangerlebnisse garantiert und jeder darf seine Fähigkeiten erproben

Die Beletage in der Domgasse, die der Komponist 1784 bezog, dient heute als museales Mozarthaus Vienna

Special

Die Pummerin

Die Stimme Österreichs

Der Nordturm des Stephansdoms ist die Heimat der kolossalen „Pummerin" – nach dem „Dicken Pitter" im Kölner Dom die zweitgrößte freischwingend geläutete Kirchenglocke Westeuropas und so etwas wie die „Stimme Österreichs".

Die „Pummerin" hat ein wildes Leben hinter sich. 1711 wurde sie erstmals gegossen – teilweise aus den Kanonen, die von den Türken nach der Belagerung Wiens zurückgelassen worden waren. 1945 krachte die Glocke beim Brand des Domes in die Tiefe und zerschellte. Als sie in den 1950er-Jahren in Linz neu gegossen und triumphal nach Wien gebracht wurde, ging ein Ruck durch das im Wiederaufbau befindliche Österreich. Mit einem Gewicht von rund 21 Tonnen und einem Durchmesser von 3,14 Metern lässt sie mit ihrem dumpfen, unverkennbaren „Pummern" an Festtagen ihre Stimme erschallen und verkündet etwa auch Silvesterpfad-Besuchern in der Innenstadt den Beginn des neuen Jahres. Wenn die „Pummerin" außerplanmäßig erklingt, so wissen die Wiener, dass etwas Ungewöhnliches passiert ist: die Wahl eines neuen Papstes etwa, das Hinscheiden eines obersten Kirchenführers, ein Trauergottesdienst für besondere Persönlichkeiten oder auch auch weltbewegende Katastrophen wie beispielsweise am 11. September 2001.

Passend wenige Schritte sind es von hier zur Wiener Hofburg, dem einstigen Machtzentrum Europas.

Gestriegelt und gewickelt

Pferde sind weitgehend aus den Metropolen verdrängt worden – in der Wiener Innenstadt als Zugtiere der Fiaker-Kutschen noch sehr präsent. Mit 2 PS durch die Innenstadt zu schaukeln, ist sicherlich die stilvollste und kostspieligste Art, die Sehenswürdigkeiten zu inspizieren. Fremdenführer sind die Fiaker – so heißen auch die Kutscher – eher nicht. „Links die Hofburg, die Herrschaften", „Please, the Rathaus" – das Offensichtliche überwiegt. An schönen Tagen sind an die 60 Gespanne zwischen Stephansplatz, Hofburg und Ringstraße im Einsatz. Auf das Wohl der Tiere haben die Behörden ein Auge. So gilt etwa die Bestimmung, dass die Pferde bei mehr als 35 Grad in der Innenstadt hitzefrei bekommen. Dem Wohlbefinden der Wiener und Wien-Besucher dient die Bestimmung, dass die Pferdeäpfel in „Pooh-bags" oder anderen amtlich genehmigten Vorrichtungen aufgefangen werden müssen.

Die nobleren Brüder der Fiakerpferde sind in der Spanischen Hofreitschule zu Hause: Dort wird auf dem Rücken der berühmten Lipizzaner-Hengste Reitkunst auf höchstem Niveau zelebriert.

DER TAFELSPITZ

Kaisers Lieblingsspeise

Gekochtes Rindfleisch hat in der Wiener Küche eine lange Tradition – ein Tafelspitz-Schmaus beim „Rindfleischkönig" Plachutta zählt zu den kulinarischen Höhepunkten eines Wien-Besuchs.

Im 19. Jahrhundert gehörte gekochtes Rindfleisch zu den Aushängeschildern der Wiener Küche. Größter Freund dieses Gerichts war Kaiser Franz Joseph I. Der Langzeit-Monarch ließ sich zu Mittag seine Leib- und Magenspeise auf einem silbernen Tablett an den Schreibtisch servieren, am liebsten den Tafelspitz. Das Teil vom hinteren Rücken des Rindes gilt als Gustostückerl, und ein Tafelspitz-Schmaus ist für Wien-Besucher bis heute ein Muss.

Ewald Plachutta, vielfach dekorierter Spitzenkoch und erfolgreicher Kochbuchautor, hat die altwienerische Rindfleischküche in den 1980er-Jahren neu belebt und ihr, auch was die Präsentation betrifft, neue Seiten abgewonnen. Tafelspitz & Co. stehen beim Plachutta in der Inneren Stadt (Wollzeile) und an zwei weiteren Standorten in Wien im Zentrum. Verwendet wird ausschließlich Fleisch aus heimischer Zucht von Ochsen, Färsen oder Stieren. „Die durchgehende Fettabdeckung ist das wichtigste beim Tafelspitz", erklärt Plachutta-Küchendirektor Günter Köck. Das gute Stück wird etwa drei Stunden in schwach wallendem Wasser gekocht, etwa eine halbe Stunde vor Garende kommen Möhren, Lauch und angebräunte Zwiebeln hinzu, nur kurz werden die Markknochenscheiben blanchiert.

Tafelspitz in drei Gängen

Der Tafelspitz wird als mehrgängiges Menü serviert – das kleine Ritual, das sich darum spannt, trägt zur Festschmaus-Aura und zur Geselligkeit am Tisch bei. Auf die Warmhalteplatte in der Tischmitte kommt ein kupferverkleideter Topf mit der Suppe und dem geschnittenen Fleisch. Der Kellner schöpft die Rindssuppe vor, die vom Fleisch und den Markknochen ihren kräftigen Geschmack hat. Dazu passen etwa Frittaten (Pfannkuchenstreifen) oder Kaiserschöberl (salzige Teigplätzchen), doch auch das geschnittene Wurzelgemüse gilt als ausreichend.

Als zweiten Gang wird das Mark ausgelöst und auf getoastetes Schwarzbrot gestrichen. Mit Salz und Pfeffer verfeinert, ergibt das ein delikates Fingerfood. Zum großen Finale wird das fingerdick geschnittene Fleisch vorgelegt, klassische Beilage sind Rösterdäpfel. Apfelmus mit Meerrettich (Apfelkren) sowie Schnittlauchsauce, in silbernen Kännchen serviert, verleihen dem Leckerbissen zusätzliche Aromen und cremige Noten. Ein perfekter Tafelspitz zerfällt beinahe auf der Zunge. Mit dem gekochten Rindfleisch harmonieren Gemüsesorten wie Spinat und Kochsalat.

Für den Kenner stehen noch ein Dutzend weitere Kochfleisch-Spezialitäten zur Auswahl – etwa das absolut fettfreie Tafelstück oder das durchzogene, saftige Schulterscherzerl. Selbstverständlich versteht man sich beim Plachutta auch bestens auf die Zubereitung weiterer Wiener Klassiker – allen voran des goldbraun gebackenen Wiener Schnitzels.

Wien kann sich auch sehr rustikal zeigen – am Würstelstand „Zum scharfen René" am Schwarzenbergplatz beispielsweise (oben). Alternativ lässt sich der Tag mit einem Kaiserschmarrn versüßen – so in „Landtmann's Jausen Station" im Schönbrunner Schlossgarten (unten)

Besser kann man die Wiener Spezialität kaum genießen: Tafelspitz im Plachutta (linke Seite und oben)

Informationen

€€ **Plachutta,** Tel. 01 512 15 77, www.plachutta.at; tgl. 11.30 bis 24.00 Uhr. Restaurants: Wollzeile 38, 1010 Wien; Heiligenstädterstraße 179, 1190 Wien; Auhofstraße 1, 1130 Wien
Zum Schwarzen Kameel, Bognergasse 5, 1010 Wien, Tel. 01 533 81 25, www.kameel.at

Plachutta – Meine Wiener Küche, Ewald Plachutta und Mario Plachutta, Brandstätter Verlag Wien, ISBN 978-3-85033-213-2

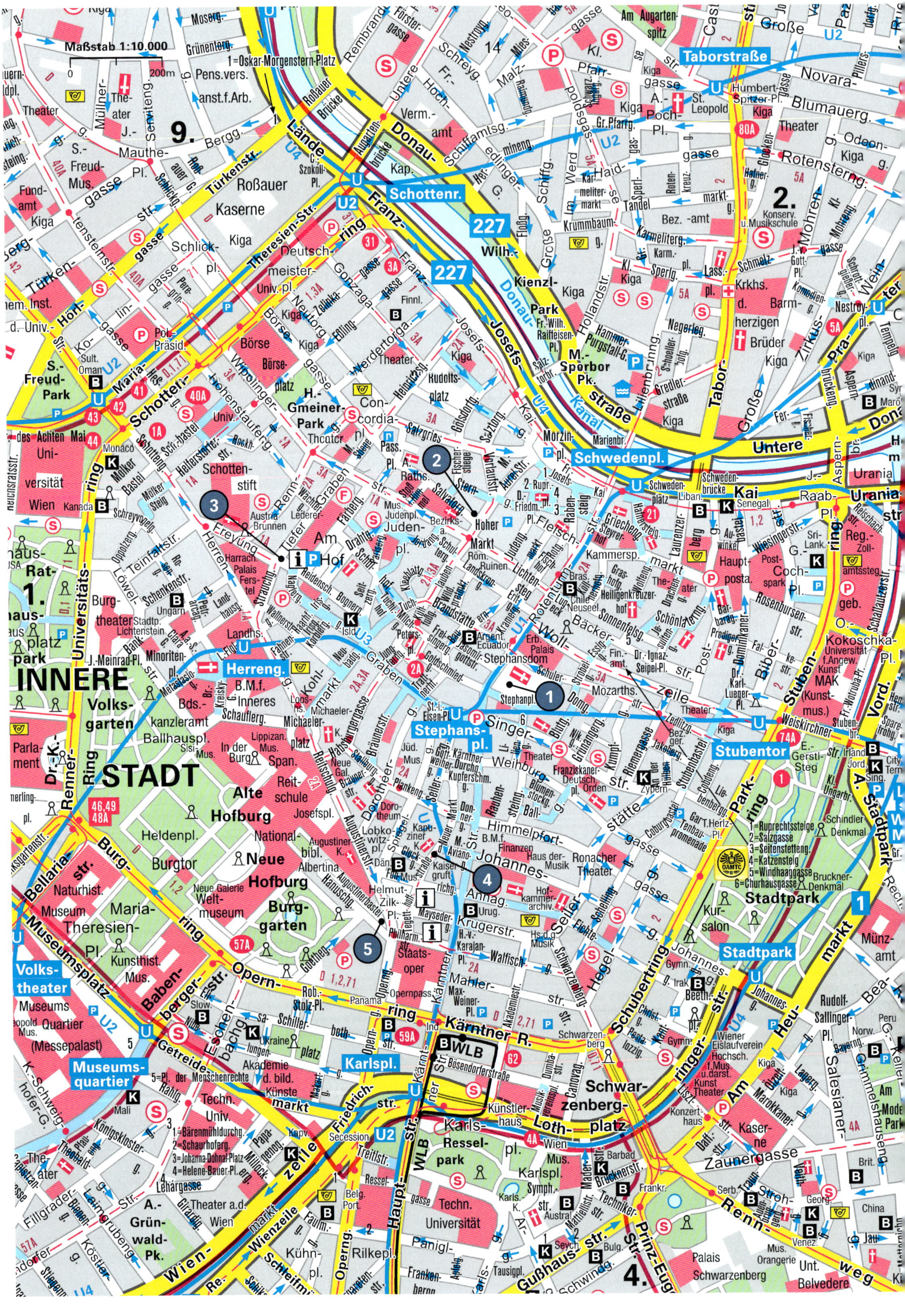

Maßstab 1:10.000
0
200m
1=Oskar-Morgenstern-Platz
9.
2.
1.
4.
INNERE
STADT
Roßauer
Kaserne
Roßauer Lände
Türkenstr.
Schottenr.
Schottenring
Franz-Josefs-Kai
Donaukanal
Taborstraße
Novaragasse
Große Mohrengasse
Obere Donaustraße
Untere Donaustraße
Schwedenpl.
Schwedenbrücke
Urania
Aspernbrücke
Universität Wien
Universitätsring
Börse
Votivpark
Sigm.-Freud-Park
Freyung
Am Hof
Hoher Markt
Stephansdom
Stephanspl.
Singerstr.
Stubentor
Stubenring
Stadtpark
Kursalon
Herreng.
Volksgarten
Burgtheater
Rathaus
Parlament
Dr.-K.-Renner-Ring
Heldenpl.
Burgtor
Alte Hofburg
Neue Hofburg
Burggarten
Albertina
Staatsoper
Opernring
Kärntner Str.
Kärntner Ring
Karlspl.
Karlskirche
Resselpark
Techn. Universität
Secession
Naturhist. Museum
Kunsthist. Mus.
Maria-Theresien-Pl.
Museumsquartier
Museumsplatz
Volkstheater
Babenbergerstr.
Getreidemarkt
Friedrichstr.
Linke Wienzeile
Rechte Wienzeile
Naschmarkt
Schwarzenbergplatz
Schubertring
Parkring
Lothringerstr.
Johannesgasse
Weihburggasse
Himmelpfortgasse
Wollzeile
Rotenturmstr.
Fleischmarkt
Graben
Kohlmarkt
Michaelerplatz
Josefspl.
Dorotheergasse
Augustinerstr.
Neuer Markt
Schwarzenberg
Palais Schwarzenberg
Unt. Belvedere
Rennweg
Prinz-Eugen-Str.
Gußhausstr.
Wiedner Hauptstr.
Operngasse
Mozarths.
Dr.-Ignaz-Seipel-Pl.
Postsparkasse
MAK
Haus der Musik
Ronacher Theater
Akademie d. bild. Künste
Kunst Theater
Wien
1=Ruprechtssteige
2=Salzgasse
3=Seitenstetteng.
4=Katzensteig
5=Windhaaggasse
6=Churhausgasse
1=Bärenmühldurchg.
2=Schaurhoferg.
3=Johanna-Dohnal-Platz
4=Helene-Bauer-Pl.
5=Pl. der Menschenrechte
Schottentor
Herrengasse
Stephansplatz
Schwedenplatz
Stadtpark
Karlsplatz
Volkstheater
Museumsquartier
Taborstraße
Schottenring
WLB
U2
U3
U4
U1
227

Um den Stephansplatz

Allein das Zentrum von Wien rund um den Stephansdom vereint Attraktionen, für die man tagelang unterwegs sein könnte. Die einen zieht es zum Einkaufen und Flanieren auf den Graben, andere genießen das Flair in den umliegenden Gassen, die zu den ältesten Teilen der Stadt gehören – und Anreize bietet auch Wiens Wahrzeichen.

1 Stephansplatz

Der durch zwei U-Bahnlinien erschlossene Stephansplatz bildet das geografische Zentrum Wiens und den touristischen Hot Spot der Donaumetropole. Bis spät in die Nacht herrscht rund um den Stephansdom reges Treiben. Attraktiv: Das Herz der Stadt ist großteils als Fußgängerzone gestaltet (U1, U3 Stephansplatz, Busse 1A, 2A, 3A).

SEHENSWERT

Der **Stephansdom** **TOPZIEL** ist Wiens wichtigstes Wahrzeichen und ein gotisches Kulturdenkmal von Weltrang. Einlass gewährt das Riesentor (1250) an der romanischen Westfassade, die noch vom Vorgängerbau stammt und von den 65 m hohen Heidentürmen flankiert wird. Der gotische Um- und Neubau der Kirche begann im 14. Jh.; 1359 legte Habsburger-Herzog Rudolf IV. genannt „der Stifter", den Grundstein zum Neubau des Langhauses (Domkirche seit 1469). Mit dem 136,4 m hohen Südturm (1433) war der „Steffl" bis zur Vollendung des Straßburger Münsternordturms höchstes Gebäude der Welt. Phantastische Rundumblicke genießt, wer die 343 Stufen zur Türmerstube erklimmt (tgl. ab 9.00 Uhr). Auf den unvollendeten Nordturm gelangt man per Aufzug (tgl. ab 8.30 Uhr); Dort hängt die Pummerin-Glocke (s. auch S. 27). Der Zutritt zum „Steffl" ist frei (www.stephanskirche.at; Mo.–Sa. 6.00–22.00, So. 7.00 bis 22.00 Uhr); die unzähligen Details der kunsthistorischen Schatztruhe erschließen sich aber besser bei einer Führung (tgl. 15.00 Uhr) . Ein Meisterwerk gotischer Steinmetzkunst bildet die aus Kalksandstein gefertigte Domkanzel (ab 1510). Aufmerksamkeit verdienen auch der gotische Wiener Neustädter Altar (1447) und das Grabmal von Kaiser Friedrich III. (ab 1463), eines der bedeutendsten plastischen Kunstwerke des Spätmittelalters. Auch die Katakomben können besichtigt werden, u. a. Ruhestätte für Herzog Rudolf IV., die Wiener Erzbischöfe und die Eingeweide zahlreicher Angehöriger des Hauses Habsburg (Mo.–Sa. 10.00–11.00 und 13.30–16.30, So. und Fei. 13.30 bis 16.30 Uhr). Der Domschatz wird auf der Westempore präsentiert (Mo.–Sa. 9.00–17.00 Uhr). Über die U-Bahn-Passage Stephansplatz zugänglich ist die beeindruckende **Virgilkapelle.** 1973 beim Bau der U-Bahn wiederentdeckt, präsentiert sich der schlichte gotische Sakralbau (1220) mehrere Meter unter dem Niveau des Stephansplatzes heute mit einer Schau zum mittelalterlichen Wien (www.wienmuseum.at; Di.–So. 10.00–18.00 Uhr).
Kopfsteinpflaster, historische Portale, Innenhöfe mit Pawlatschengängen – auch im Gassengewirr rund um den Stephansdom spiegelt sich das Mittelalter wider. Schönlaterngasse, Franziskanerplatz oder Heiligenkreuzerhof zählen zu den malerischsten Ecken der Stadt.

Auf dem Wiener Petersplatz (links). Domkanzel im Stephansdom (rechts oben). Holocaust-Denkmal am Judenplatz (rechts unten)

MUSEEN

Im **Dom Museum Wien** steht die Kirche als Förderin der Kunst im Mittelpunkt, auch das Nachkriegs-Kunstschaffen ist vertreten (Stephansplatz 6, www.dommuseum.at; Mi.–So. 10.00–18.00 Uhr). 1784 bezog der Komponist Wolfgang Amadeus Mozart (1756–1791) die geräumige Beletage in der Domgasse 5; die folgenden zweieinhalb Jahre zählten zu den produktivsten des Maestros. Das **Mozarthaus Vienna** zeichnet die Wiener Jahre des Komponisten, der seine Constanze im nahen Stephansdom heiratete, anschaulich nach. Thematisiert werden auch Mozarts durch Spielsucht mitverursachte Geldnot, die ihn trotz guter Auftragslage zu Bettelbriefen veranlasste, Mozarts Tod 1791 und die Umstände seines Begräbnisses in St. Marx sowie das Alltagsleben im barocken Wien (Domgasse 5, www.mozarthausvienna.at, auch Konzertprogramm; tgl. 10.00–19.00 Uhr). Der Schlafrock Heimito von Doderers, Peter Handkes Briefe von einer USA-Reise Ende der 1960er-Jahre – das **Literaturmuseum** macht Lust auf die Werke österreichischer Schriftsteller! Schauplatz ist das ehem. k. u. k. Hofkammerarchiv, wo Franz Grillparzer tätig war (Johannesgasse 6, www.onb.ac.at; Sommer tgl. 10.00–18.00, Do. 10.00–21.00, Winter Di.–So. 10.00–18.00, Do. 10.00–21.00 Uhr).

ERLEBEN UND AKTIVITÄTEN

Links vom Portal des Stephansdoms brechen **Wiens Fiaker** zu ihren Stadttouren auf; die kleine Rundfahrt (20 Min.) kostet um 55.– €. Abends wird der „Steffl" stimmungsvoll beleuchtet – beste Beobachtungsloge ist die „Onyx-Bar" im sechsten Stock des Haas-Hauses gegenüber (Stephansplatz 12, www.docohotel.com).
Von Juli bis Mitte Okt. erklingen im Dom die stimmungsvollen **Sommerkonzerte** (Fr. und Sa. 20.30 Uhr). In der spätbarocken **Peterskirche** (um 1730) am Graben wird das ganze

Jahr über anspruchsvolles Programm dargebracht (www.peterskirche.at; u.a. Orgelkonzerte Mo.–Fr. 15.00, Sa. und So. 20.00 Uhr).

EINKAUFEN
Flanieren und Shoppen steht zwischen **Graben, Kärntner Straße** und **Kohlmarkt** auf dem Programm. Die größte Dichte an Luxus-Shops entfaltet sich im „Goldenen Quartier" zwischen **Tuchlauben, Bognergasse** und dem Platz **Am Hof**.

2 Hoher Markt

Nördlich des Stephansdoms liegt der Hohe Markt – Keimzelle seit der römischen Besiedlung und um 1200 Zentrum städtischen Lebens mit Gerichtsgebäude, Pranger und Markt. Über die Wipplinger Straße gelangt man zum Judenplatz. Der Mittelpunkt des hochmittelalterlichen jüdischen Lebens ist heute Ort der Erinnerung (U1 und U3 Stephansplatz, Bus 1A Hoher Markt).

SEHENSWERT
An einem der ersten nachgewiesenen Standorte des Legionärslagers Vindobona (97 n. Chr.) entfaltet das **Römermuseum** mit 3-D-Visualisierungen, Modellen und zahlreichen Funden ein dichtes Panorama des Wiener Lebens im 2. und 3. Jh. Thermen, Theater und Tavernen gab es ebenso wie ein Kanalsystem (Hoher Markt 3, www.wienmuseum.at; Di.–So. 9.00–18.00 Uhr). Der Würstelstand am Hohen Markt lohnt einen Stopp, eine Augenweide ist die vom Jugendstilkünstler Franz Matsch gestaltete **Ankeruhr** mit zwölf Figuren zur Geschichte Wiens. Schlag 12.00 Uhr tritt das Ensemble in Aktion und paradiert zu Musikbegleitung (Hoher Markt 10). Das **Museum Judenplatz** ruft die Geschichte der Wiener jüdischen Gemeinde des Mittelalters in Erinnerung – bis zu deren Vertreibung und Vernichtung 1420/1421. Die „Wiener Gesera" war der blutigste Pogrom im mittelalterlichen Österreich – Herzog Albrecht V. ließ die letzten 200 Überlebenden der Judengemeinde auf dem Scheiterhaufen verbrennen. Fundamente der damals zerstörten Synagoge sind zu sehen, ein virtueller Rundgang lässt Besucher in das Wien des 14. Jh. eintauchen (Judenplatz 8, www.jmw.at; So.–Do. 10.00–18.00, Fr. 10.00–14.00 Uhr).
Blickfang, Symbol und weiterer Ort der Erinnerung an das jüdische Wien ist das wuchtige **Schoa-Mahnmal** von Rachel Whiteread. Auf Bodenfliesen rundum sind die Namen jener Orte festgehalten, an denen österreichische Juden während der NS-Herrschaft (1938–1945) zu Tode kamen.

Tipp

Einmal Philharmoniker dirigieren!

Außergewöhnliche Klangerlebnisse sind das Markenzeichen im Haus der Musik. Bei der Würfel-Walzer-Installation komponiert ein Computerprogramm acht Zufallswürfe im Dreivierteltakt zu einem ganz persönlichen Walzer – es gibt 1,7 Mio. Kombinationen. Geistertöne, die kein Mikrofon aufnehmen kann, stellt die Klanggalerie vor. Zum Schluss sind die Besucher schon so gewieft, dass sie (virtuell) die Wiener Philharmoniker dirigieren können. Zubin Mehta gibt Tipps. Beschwingt bitte, es geht um den Radetzky-Marsch!

INFORMATION
Haus der Musik, Seilerstätte 30, www.hdm.at; tgl. 10.00–22.00 Uhr

Einmal Dirigent sein im Haus der Musik (links). Sachertorte im „Demel" am Kohlmarkt (rechts oben). Der Ruprechtsplatz ist Teil von Wiens nächtlichem „Bermudadreieck" (rechts unten).

3 Freyung/Am Hof

Hell und freundlich, dabei längst nicht so überlaufen wie Stephansplatz oder Graben: So präsentieren sich die Freyung und das Geviert Am Hof, zwei der stattlichsten Plätze Wiens. Bürgerhäuser, Palais und Kirchen bestimmen das Bild, kaum ein Tag, an dem nicht Markttreiben für Extra-Flair sorgt (U2 Schottentor, U3 Herrengasse, Bus 1A Teinfaltstraße).

SEHENSWERT
Blickfang auf der leicht ansteigenden Freyung ist das um 1860 im italienischen Palazzostil erbaute **Ferstel-Palais,** das die Herrengasse abschließt. Shopping-Vergnügen bietet die prachtvolle Ferstelpassage. Mit seinem kirchenartigen Gewölbe steht das **Café Central** ihr in Grandezza nicht nach; wo sich um 1900 Künstler und Literaten austauschten, genießen heute vorwiegend Touristen zum Großen Braunen oder einer Melange einen Apfelstrudel (Herrengasse 14, www.cafecentral.wien).

Ein Geheimtipp ist der Komplex des Schottenstiftes am Nordende der Freyung. Im ersten Hof der 1155 gegründeten Benediktinerabtei regieren Café und Biergarten, weiter hinten himmlische Ruhe.

MUSEEN
Mit Klassischer Moderne und Nachkriegs-Avantgarde hat sich das **Bank Austria Kunstforum Wien** einen Namen gemacht (Freyung 8, www.kunstforumwien.at; tgl. 10.00–19.00, Fr. 10.00–21.00 Uhr,). Im weltweit einzigen **Globenmuseum** lässt sich nachverfolgen, wie die „weißen Flecken" auf der Landkarte allmählich schrumpften (Herrengasse 9, www.onb.ac.at; Juni–Sept. tgl. 10.00–18.00, sonst Di.–So. 10.00–18.00 Uhr).

ERLEBEN UND AKTIVITÄTEN
Auf der Freyung sorgen **Biomarkt** (Fr. und Sa.), **Ostermarkt** und **Altwiener Christkindlmarkt** für Geschäftigkeit, beim **Kunst- und Antikmarkt** Am Hof wird um Pretiosen mit Patina gefeilscht (www.antikmarkt-hof.at; März–Nov. Fr. und Sa.). Und auch den Rest des Jahres sind oft Marktstände aufgebaut – ein Besuch lohnt sich für Schnäppchenjäger immer.

4 Neuer Markt

Um den Hohen Markt zu entlasten, entstand im 13. Jh. der Neue Markt als weiteres Versorgungszentrum für die Stadt. Längst hat sich das Einkaufen auf die parallel verlaufende Kärntner Straße verlagert (U1/U3 Stephansplatz).

„Ich versichere Sie, dass hier ein herrlicher Ort ist – und für mein Metier der beste Ort von der Welt!" *Wolfgang Amadeus Mozart 1781 an seinen Vater Leopold*

SEHENSWERT
Den von repräsentativen Bürgerhäusern gesäumten Platz dominiert der Donner-Brunnen (1739). Das von außen unscheinbare **Kapuzinerkloster** (17. Jh.) ist bis heute die zentrale Begräbnisstätte aller Habsburger. Maria Theresia, Franz Joseph I. und über 140 weitere Vertreter der früheren Herrscherfamilie wurden in der Kapuzinergruft zur letzten Ruhe gebettet. Prachtvolle Barocksärge mit Reliefs von Schlachten und Krönungen künden vom Wunsch, über den Tod hinaus in Erinnerung zu bleiben. Führungen sind empfehlenswert – die Gruft bietet knappe Erläuterungen (Tegetthoffstraße 2, www.kapuzinergruft.com; Mo.–So. 10.00–18.00, Führungen Mi.–Sa. 14.00, Mai bis Okt. auch So. 14.00 Uhr).

5 Albertinaplatz

Über die Tegetthoffstraße gelangt man zum viel besuchten Albertinaplatz auf der Rückseite der Oper. Alfred Hrdlickas Mahnmal gegen Krieg und Faschismus und ein 64 m langes Vordach aus Titan setzen erste Ausrufezeichen. Seinen Namen erhielt das Palais von Herzog Albert von Sachsen-Teschen (1738–1822), der den Grundstein für eine der bedeutendsten graphischen Sammlungen der Welt legte.

MUSEEN
14 000 Zeichnungen und 200 000 Druckgrafiken Alberts – u. a. von Dürer, Rubens, Rembrandt, Bruegel und Michelangelo – bilden den Kernbestand der **Albertina,** die Kunstfreunde aus der ganzen Welt anzieht. „Wien um 1900" ist mit Werken Klimts, Schieles und Kokoschkas vertreten. Kürzlich kam mit der Sammlung Essl eine imposante Privatsammlung zeitgenössischer Kunst hinzu. Die Schausammlung „Monet bis Picasso" macht das Haus auch für Liebhaber der Klassischen Moderne zu einem Muss. Prunkräume wie das Rokokozimmer oder das Wedgwoodkabinett lassen die Pracht früherer fürstlicher Wohnkultur erahnen (www.albertina.at; tgl. 10.00–18.00, Mi. 10.00 bis 21.00 Uhr).
Kostüme, Bühnenbild-Modelle, Fotos – im barocken **Palais Lobkowitz** (Urspr. ab 1685) wirft das **Theatermuseum** einen Blick auf die Bühnen und hinter die Kulissen sämtlicher Performing Arts von der Oper bis zum Puppenspiel. Und bis 2020 bietet das Palais der **Gemäldegalerie** der Akademie der Bildenden Künste Unterschlupf. Solange am Schillerplatz renoviert wird, sind die Meisterwerke von Rembrandt und van Dyck sowie der berühmte Weltgerichts-Altar von Hieronymus Bosch am Lobkowitzplatz zu bestaunen (www.theatermuseum.at; Mi.–Mo. 10.00–18.00 Uhr).
Im **Palais Eskeles** (16. Jh.) bietet das **Jüdische Museum** einen Überblick zu Geschichte und Gegenwart der Wiener Juden, beleuchtet die Impulse des Judentums zum kulturellen und wirtschaftlichen Leben Wiens sowie den Untergang der jüdischen Gemeinde im Nationalsozialismus (Dorotheergasse 11, www.jmw.at; So.–Fr. 10.00–18.00 Uhr).

Genießen Erleben Erfahren

DuMont Aktiv

Weinverkostung mit Stil und Geschichte

Wien und Wein – das passt nicht nur beim Heurigen zusammen. Im „Villon Weinkeller" im Herzen der Stadt gibt Walter Kieltsch seine Begeisterung für die Wiener Weinkultur in spannenden Verkostungen weiter.

16 Meter unter der Geschäftigkeit der Stadt und 17 Grad kühl, bildet der unterste der vier Keller, ein imposantes Tonnengewölbe, die Bühne für die Genusslektion. Die bei der Renovierung gefundenen Relikte einer alten Weinpresse verraten, dass an diesem Ort wohl schon vor mindestens 500 Jahren über Wein philosophiert wurde. Stimmiger könnte das Ambiente nicht sein. Wie man Aromen herausschmeckt, wie lange man einen Schluck am Gaumen behält, welche Reihenfolge bei einer Verkostung einzuhalten ist („Weiß, Rot, Süß"), das steht innerhalb eineinhalb Stunden im Mittelpunkt. Das kleine Einmaleins der genussvollen Annäherung an den Wein begleiten Informationen über die in Wien und Umgebung angebauten Tropfen vom Gemischten Satz bis zum Grünen Veltliner.

Im Zweiten Weltkrieg bot der Keller Schutz vor Luftangriffen. Später war er den Wienern unter dem Namen „Opiumhöhle" als Freudenhaus bekannt, erzählt der Hausherr, der den „Villon Weinkeller" 2005 eröffnete. Seit Kurzem haben Besucher auch die Möglichkeit, mehr als 40 Weine aus Österreich sowie mehrere Champagnersorten eigenständig zu verkosten – möglich macht es ein modernes Ausschanksystem in Kombination mit Audioguide-Informationen.

Informationen

Villon Weinkeller, Habsburgergasse 4, 1010 Wien, Tel. 01 967 91 29; www.villon.at (U 1 und U 3 Stephansplatz, Ausgang Graben, oder Bus 1A und 2A Habsburgergasse)
Kommentierte Weinverkostung und Kellerführung Fr. 16.00 und Sa. 17.00 Uhr (nur mit Voranmeldung); Dauer etwa 2 Std.
Weinverkostung in Selbstbedienung (mit Audioguide) an dem modernen Ausschanksystem mit 44 Weinen bzw. Champagner-Sorten Mo.–Sa. 10.00–22.00 Uhr (ohne Anmeldung).

Mit glanzvollem Auftritt

Unter den Habsburgern stieg Wien zu einer der bedeutendsten Metropolen Europas auf. Der einstige Glanz der Donaumonarchie ist in der Hofburg beinahe an allen Ecken noch spürbar – besonders in den kaiserlichen Gemächern des ehemaligen Palastes. Die Ringstraße liefert für Architektur-, Kunst- und Musikfreunde Höhepunkte am laufenden Band. Sehen und gesehen werden ist bis heute der Imperativ am Prachtboulevard der Wiener, der 1865 eröffnet wurde.

Die Innenstadtseite der Hofburg prägt seit dem Ende des 19. Jahrhunderts der nach barocken Plänen entstandene Michaelertrakt

Unterhalb der mächtigen, 50 Meter hohen Kuppel des Michaelertraktes geht es zu Fuß oder per Fiaker durch den Komplex der Wiener Hofburg

In den Pausen zeigen sich die Fiakerpferde als soziale Wesen (Mitte links). Zu den Kaiserappartements der Hofburg gehört auch das Arbeitszimmer Kaiser Franz Josephs I. (Mitte rechts)

Seit den 1890er-Jahren schmücken zwei monumentale Brunnen die Fassade unter den Seitenkuppeln des Michaelertraktes – hier im Vordergrund die „Macht zu Lande", im Hintergrund gegenüberliegend die „Macht zur See"

200 000 Bände umfasst der Prunksaal Nationalbibliothek. Ein Standbild Kaiser Karls VI. erinnert an den Gründer der größten Barock-Bibliothek der Welt

Die Wiener Hofburg bildete einst ein Machtzentrum, das auf ganz Europa ausstrahlte. Ganze Zeitläufe zurück, im 13. Jahrhundert, liegen die Ursprünge der Palastanlage – und je mehr sich das Reich der Habsburger an Territorien einverleibte, desto mehr wucherte es auch mitten in Wien. 18 Trakte und 2600 Räume, Höfe, Passagen – hier den Überblick zu behalten, war damals wie heute nur wenigen vorbehalten.

1918 brach für Österreich und für die Hofburg eine neue Zeitrechnung an. Die Donau-Monarchie zerfiel auf den Schlachtfeldern des Ersten Weltkrieges in Trümmer, und nach 630 Jahren trat als letzter in der Reihe der Habsburger-Kaiser Karl I. den bitteren Gang ins Exil an.

Heute lässt sich die Hofburg als Multifunktionszentrum charakterisieren. Im Leopoldinischen Trakt residiert Österreichs Bundespräsident, die Neue Burg ist Sitz der Nationalbibliothek und Veranstaltungsort für internationale Kongresse, Bankette und Bälle. Bunte Wegweiser-Sträuße lotsen die Besucher zu den größten Attraktionen des verwinkelten Ensembles: Zu jenen Museen, die die untergegangene Ära der Habsburger in allen Details beleuchten.

Wie unter einem Glassturz sind die Kaiserappartements für die Nachwelt erhalten. Hier ist der Schreibtisch zu sehen, an dem Kaiser Franz Joseph I. (1830–1916) arbeitete, seine Pfeifen in Griffweite, im nächsten Zimmer steht sein einfaches Bett. Der Monarch lebte spartanisch, seine Frau sportlich, wie Ringe und Sprossenwand im Turnzimmer Kaiserin Elisabeths (1837–1898) verraten. Die Bayern-Prinzessin „Sisi" steht im Mittelpunkt des Publikumsinteresses. Nach ihrer Heirat 1854 fand sie sich in einem goldenen Käfig wieder. Ihre Versuche, aus dem strengen Hofzeremoniell auszubrechen, ihr Schönheitsfimmel, ihr Schlankheitskult, ihre Schwärmereien und ihre Schicksalsschläge liegen im Sisi-Museum in allen Details ausgebreitet.

Vor allem wenn die Stadt in Grau versinkt, hebt ein Besuch im Palmenhaus des Burggartens die Stimmung

„Siehe, die Zukunft ist schon da. Unlängst sah ich einen Fleischhauer mit einer umgehängten Strohtasche auf dem Rad über die Ringstraße jagen."

Theodor Herzl 1896 in der Neuen Freien Presse

Sogar die Feile, mit der Anarchist Luigi Lucheni 1898 die Monarchin in Genf erdolchte, ist zu sehen. Vor einigen Jahren kam der Original-Totenschein dazu. Nach weiteren Devotionalien wird gefahndet.

Liegt in der Hofburg, mehr noch als in Schloss Schönbrunn, ein Hauch Habsburger-Nostalgie in der Luft? Oder geht es um perfekte Vermarktung? Eher Letzteres. Habsburg ist ein Name, der international zieht und Touristen en masse an die Donau bringt.

Wien um 1850: Ringen um Platz

Mitte des 19. Jahrhunderts ging Wien auf wie ein Hefeteig. Abertausende aus allen Ecken der Monarchie strömten in die Metropole des Vielvölkerstaates, die Wirtschaft verlangte nach mehr Platz, die Infrastruktur war hoffnungslos veraltet. Und Kaiser Franz Joseph I. war noch in seinen Zwanzigern und voller Tatendurst. Keine 800 Worte brauchte er, um zu Weihnachten 1857 ein Mega-Projekt zu verlautbaren: Die Schleifung der Stadtmauern mitsamt ihren Bastionen und den Bau der Ringstraße, die seine Residenzstadt mit Glanz und Gloria auf der Landkarte der Weltmetropolen verankern sollte. Traditionalisten liefen Sturm gegen den Abriss des „alten Wien", doch der Zug in Richtung Zukunft war nicht zu stoppen. Sogar Walzerkönig Johann Strauss widmete den Abrissarbeitern die flotte „Demolierer"-Polka.

Rund um das historische Zentrum wuchsen monumentale Gebäude für Politik (Rathaus, Parlament), Wirtschaft (Börse) und Bildung (Universität) in die Höhe, dazu kamen das Kunst- und das Naturhistorische Museum, Theater, Musiktempel und Hotels. Mit feudalen Palais wie dem Ephrussi unterstrichen Großbürgertum und Geldadel – bald die Ringstraßenbarone genannt – selbstbewusst ihre neue Rolle im Habsburgerreich. Dazwischen gaben Grünanlagen wie der Stadtpark der Bevölkerung Gelegenheit zum Verschnaufen. Schon 1865 erfolgte die feierliche Eröffnung. Doch bis alle Lücken am Ring gefüllt waren, sollte es noch bis zur Jahrhundertwende dauern – zum Leidwesen der Bevölkerung. „Was wird in Wien nicht alles gebaut, nicht alles auf offener Straße gearbeitet! Das Hämmern und Klopfen nimmt kein Ende", klagte 1895 der Journalist Eduard Pötzl.

Die Kehrseite der Pracht

Pracht allerorts – doch zu welchem Preis? Die kleinste Einheit der Ringstraße stellte der Ziegel dar. Produziert wurde er am Wienerberg südlich der Stadt, wo skrupellose Fabrikanten

In der Sommerpause der Spanischen Hofreitschule kommt der junge Nachwuchs des steirischen Lipizzanergestüts Piber „zu Besuch" in die Hauptstadt (oben links und oben rechts). Selbst die Aufbewahrung von Zaumzeug und Sätteln ist ein Ritual (Mitte rechts)

Zu einem Wien-Aufenthalt gehört zwingend ein Besuch der Spanischen Hofreitschule

Blick vom 1902 eingeweihten Pallas-Athene-Brunnen vor dem österreichischen Parlament auf die Ringstraße (oben). Die von Gustav Klimt bis 1888 ausgemalte Feststiege des Burgtheaters (Mitte links)

Die Architekten des Wiener Rathauses wurden von flämischer Gotik inspiriert.
Im Sommer dient es als Kulisse des Musikfilmfestivals

Seit 1921 musiziert Johann Strauss im Wiener Stadtpark

Einem antiken griechischen Tempel gleicht das gegenüber dem Volksgarten an der Ringstraße gelegene österreichische Parlament

„Wien bleibt Wien, das ist grad das Schöne dran. Wien bleibt Wien, dass man sich dran g'wöhnen kann."

Komponist und Sänger Georg Kreisler

Arbeiter aus Böhmen und Mähren – im Volksmund bald „Ziegel-Böhmen" genannt – nach Strich und Faden ausbeuteten. 15-stündige Arbeitstage waren die Norm, Kinder schufteten ebenso wie Frauen, die hygienischen Bedingungen in den bereitgestellten Baracken waren katastrophal. Der Sozialdemokrat Viktor Adler prangerte 1888 als erster das systematische Unrecht an. Wien begann sich langsam in jene sozialdemokratisch geprägte Stadt zu verwandeln, die sie bis heute ist.

Ein Prachtboulevard auch heute

57 Meter breit ist die Prachtstraße – das lässt viel Platz zum Betrachten für Flanierer, Radfahrer und Wien-Besucher, die von Fiakern aus, Bussen oder der Straßenbahn die Sehenswürdigkeiten an sich vorüberziehen lassen. Auf der fünf Kilometer langen Fahrt in der gelben Ring-Tram lässt man sich am besten von Schauspieler-Legende Karl Merkatz akustisch begleiten. In gepflegtem Wienerisch entführt das Original aus der TV-Serie „Ein echter Wiener geht nicht unter" in den Anekdotenschatz rund um die Ringstraße.

Viele Bauherren legten Wert auf Symbolik. Das Parlament ist einem griechischen Tempel nachempfunden und verweist auf Athen als Wiege der Demokratie. Das Standbild der Pallas Athene, Göttin der Weisheit, blickt in Richtung Hofburg – Kaiser, wir behalten dich im Auge, schien die Botschaft der Volksvertreter zu lauten. Die Rathaus-Fassade würde auch in Brüssel nicht aus dem Rahmen fallen – der deutsche Erbauer Friedrich Schmidt knüpfte mit architektonischen Zitaten eine Verbindung zu Flanderns stolzen Mittelalter-Städten.

Traditionelle und moderne Gigerl

Schon bald wurde der Boulevard zur Bühne für das Wiener und das internationale Publikum. Manche Flanierer kleideten sich nach dem letzten Schrei der Ringstraßen-Geschäfte. „Im Knopfloch a Roserl, a recht a weits Hoserl, a ganz a kurz' Rockerl, im Aug a Monokerl, ... halt't Arm weg wie Flügerl: segn's, des is a Gigerl!", beschrieb Journalist Eduard Pötzl den Modegecken von der Donau.

Das Gigerltum hat auch heute Platz – etwa wenn zum Life Ball der Rathausplatz zum Laufsteg für Paradiesvögel in extravaganten Outfits wird. Bis heute gibt es zur Erregung von Aufmerksamkeit keinen besseren Ort als die Ringstraße. Am 1. Mai marschieren die Sozialdemokraten, dann bringt die Regenbogenparade reichlich Farbe auf den Boulevard. Beim City-Marathon mobilisieren die Läufer am Ring letzte Reserven, das Ziel am Rathaus schon in Sicht. „Hopp, hopp!", ertönen die Anfeuerungsrufe. Manchen Autofahrern ist einfach zu viel los am Ring, sie fühlen sich um ihr Recht gebracht, schnellstens von A nach B zu gelangen. Andere raunzen wegen der Dauerevents am Rathausplatz. Kaum ist der Duft nach Zimt, Lebkuchen und Punsch verflogen, der wochenlang über dem Christkindlmarkt hing, werden schon die Bahnen für den Eistraum verlegt. Auch beim Musikfilmfestival im Sommer ist der schöne Platz gegenüber dem Burgtheater komplett verbaut. Den Besuchern jedoch gefällt, was ihnen die weltoffene Stadt zu bieten hat.

Wohlklang: Im Musikverein

Mit dem Musikvereinsgebäude, das als eines der ersten öffentlichen Konzertsäle den Hunger der Wiener nach Musik stillte, gelang dem dänischen Architekten Theophil Hansen Einzigartiges. Er schuf ein perfektes Klangerlebnis in einer Zeit, als die Lehre vom Schall noch ein Buch mit sieben Siegeln war. Den Großen Saal, wegen seiner Farbgebung und opulenten Ausstattung auch Goldener Saal genannt, konzipierte Hansen in Schuhschachtel-Form. Eine aufgehängte Kassettendecke, Logen und ein Hohlraum unter dem Parkett als Resonanzkörper streuten die Schallwellen derart perfekt, dass schon bald nach der Einweihung

„Die Philharmoniker preisen heißt Geigen nach Wien tragen".

Richard Strauss, 1942.

1870 von einem der besten Konzertsäle der Welt die Rede war. Wohlwollend blicken die Büsten großer Komponisten von den Simsen auf das Geschehen. Auch sie helfen, den Schall bis in die hintersten Reihen zu tragen. Dort kann ein Besucher eine Triangel zwar nicht mehr sehen, aber ihren Klang glasklar vernehmen.

In Renaissanceformen: die Wiener Staatsoper (oben). Beim Vienna International Dance Festival (Mitte). Wiener Musikverein mit Karlskirche im Hintergrund (unten)

Das kostenlose Musikfilmfestival macht den Rathausplatz zum sommerlichen Anziehungspunkt der Wiener (oben). Beim Vienna International Dance Festival zeigt auch das junge Kollektiv „Hungry Sharks“, dass urbaner Tanz – perfekt getanzt – vom Streetstyle zur künstlerischen Performance mutieren kann (unten)

Das Kunsthistorische Museum nennt Gemälde des Niederländers Pieter Bruegel, Meisterwerke von Rubens, Rembrandt, Raffael, Vermeer, Tizian, Dürer und weiteren Künstlern sein Eigen – die nicht nur die Malerin Marcela Chiriac zu einer Kopie nur so herausfordert

Unverändert ansprechend und modern zeigt sich manches Exponat im Museum für Angewandte Kunst – wie diese Keramik von Leopold Forstner

Mehr als eine Verschnaufpause: Besuch im Café des Kunsthistorischen Museums Wien

Ein nicht alltäglicher Blick auf den Maria-Theresien-Platz mit dem Denkmal der Monarchin und auf das Kunsthistorische Museum: bei der Dachführung des Naturhistorischen Museums

Kunstkammer im Kunsthistorischen Museum

Special

Wunderliche Artefakte

Vor 400 Jahren erzählten die Wunderkammern an den europäischen Fürstenhöfen vom Anspruch, sich die Welt und ihre mannigfachen Wunder gleichsam im Kleinen anzueignen. Zu den bedeutendsten ihrer Art zählt die Kunstkammer im Kunsthistorischen Museum.

Kunstvoll gedrechselte Elfenbeinskulpturen, in Gold und Juwelen gefasste Naturobjekte von fernen Küsten, Meisterwerke der Steinschneidekunst und Automaten, die verblüffende Aktivitäten entfalten, versetzen die Besucher bis heute in Staunen. Größter Sammler unter den Habsburgern war Kaiser Rudolf II. (1552–1612). Hier führt ein Strauß aus Silber sein eigenes Ei auf dem Rücken spazieren, dort blickt dem Betrachter eine aus Achaten und Jaspisen bestehende Ansicht Prags entgegen, die einem Gemälde täuschend ähnlich sieht. Kostbarstes Stück ist die Saliera (Abbildung) des florentinischen Bildhauers Benvenuto Cellini, eine filigrane Goldschmiedearbeit in Form eines Salzfasses. Es gibt so gut wie kein Exponat, das nicht eine spannende Geschichte zu erzählen hätte. Besucher können sich mit Hilfe von Tablets in Details der skurrilen und kostbaren Artefakte vertiefen.

Hier spielt die Musik!

Der Saal ist gefrorene Zeit, man hütet sich davor, akustisch an Schrauben zu drehen; die Sitze sind eng und nicht übermäßig bequem – dem Musikerlebnis scheint dies keinen Abbruch zu tun. Begehrtestes Ticket im Jahreslauf ist das Neujahrskonzert der Wiener Philharmoniker, die 2017 ihren 175. Geburtstag feierten. 2000 Plätze gibt es, gut 700 Karten in der Preisklasse von 30 bis zu gut 1000 Euro hinauf werden unter den immer Zehntausenden Anmeldungen verlost.

Das Fernsehen überträgt den Leckerbissen aus der Welthauptstadt der Musik in 90 Länder. Wenn eines der besten Orchester der Welt im vielleicht besten Konzertsaal der Welt aufspielt, dazu Stardirigenten von Franz Welser-Möst bis Gustavo Dudamel den Taktstock schwingen, dann lauschen weltweit gut 40 bis 50 Millionen Menschen. Zum schneidigen Radetzky-Marsch klatscht das Publikum begeistert mit, und zu den Ritualen gehört auch, dass sich die Konzert-Besucher an den üppigen Blumenarrangements bedienen dürfen, sobald der letzte Ton – Nachhallzeit zwei Sekunden – verklungen ist. Zu dem musikalischen Neujahrsgruß der Donaustadt kommt dann noch ein floristischer hinzu.

WIENER BÄLLE

Eine Saison im Dreivierteltakt

Zur Faschingszeit bewegt sich halb Wien im Walzer-Rhythmus – der Opernball und der schrille Life Ball bilden die Höhepunkte im Wiener Ballkalender.

Dabei sein ist alles: Besucher des Wiener Opernballs in ihren Logen

Jedes Jahr scheint halb Wien ab dem 11. November aufs Neue dem kollektiven Tanzfieber zu verfallen. Während in Köln Karnevalssitzungen angesagt sind und in Rio de Janeiro die Straßenumzüge in Szene gehen, bringen in Wien die Bälle Farbe in den Fasching. Eins, zwei, drei, eins, zwei, drei ... bis zum Faschingsdienstag gibt es jeden Tag Gelegenheit, sich die Füße wund zu tanzen. König der Wiener Tänze ist der Walzer, der vor 150 Jahren unter der Ägide der Strauss-Dynastie einen Siegeszug um die Welt antrat. Walzer tanzen gehört zu Wien wie der Kaffeehausbesuch oder der Heurige.

Rund 450 Bälle setzen sich alljährlich in Wien in Szene – sie bilden den Kern einer Ballkultur, wie es sie weltweit kein zweites Mal gibt. Ob Philharmoniker, Jäger, Kaffeesieder, Jungrauchfangkehrer, ob Flüchtlingsball, Regenbogenball, Ball für Vegane, ob elegant oder bunt und schrill – Anlässe und Veranstalter sind mannigfaltig. Wie oft Johann Strauss' Walzer „An der schönen blauen Donau“ erklingt? Unzählige Male. Natürlich haben auch die Gründer des Hypes einen eigenen Ball: Im „Kursalon Wien“, wo einst Walzerkönig Johann Strauss, aber auch sein gleichnamiger Vater und seine Brüder Josef und Eduard rauschende Erfolge feierten, lebt der Glanz der Walzer-Ära beim Johann Strauss Ball wieder auf.

Die Ballsaison spült viel Geld in die Kassen. Karten und Logen, Roben und Tanzschuhe, die perfekte Ballfrisur und das ein oder andere Glas Champagner – jedem Ballbesucher ist das Tanzvergnügen im festlichen Ambiente im Schnitt 270 Euro wert. Das macht bei 500 000 Ballgästen einen Umsatz von mehr als 130 Millionen Euro. Übrigens: Mehr als drei Viertel der Besucher stammen aus Wien, gefolgt von 60 000 Ballgästen aus den umliegenden österreichischen Bundesländern und 50 000 aus dem Ausland, davon viele aus Deutschland. Und liegt die letzte Tanzstunde schon etwas länger zurück? Dann schnell noch einen Auffrischungskurs oder für ganz Kurzentschlossene einen Blitzkurs gebucht! Auf dem Parkett eine gute Figur zu machen, ist wichtig.

Das Openball-Ereignis ist für die 150 Paare des Jungdamen- und Herrenkomitees die Eröffnungspolonaise.

Life Ball auf dem Rathausplatz: Zu den Selbstverständlichkeiten dieses Party-Ereignisses gehört Conchita Wurst

Rituale und Glamour: Opernball

Ihren Siedepunkt erreicht die „fünfte Jahreszeit" mit dem Wiener Opernball im Musiktempel an der Ringstraße. Binnen 70 Stunden wird das Haus in einen Mega-Ballsaal verwandelt. Während es mancherorts nicht so förmlich zugeht, ist der „Ball der Bälle" an Ritualen und Vorschriften reich. Für die Herren herrscht Frackzwang, Damen benötigen ein großes Abendkleid, die Schuhe bitte geschlossen. Der Einzug des österreichischen Bundespräsidenten in seine Loge markiert den Auftakt des Staatsballs, dessen Ursprünge auf den Wiener Kongress 1814/1815 zurückgehen. Einen ersten Glanzpunkt setzt die Eröffnungspolonaise, die für die 150 Paare des Jungdamen- und Herrenkomitees die „Einführung in die Gesellschaft" darstellt. Mit dem Kommando „Alles Walzer!" ist das Tanzparkett für alle frei – Prominente und Superreiche, Kulturschaffende und Adabeis oder einfach nur Tanzwütige, die bei den schnellen Drehungen des 3/4-Walzer-Taktes gleichsam durch die Nacht zu fliegen vermeinen.

5000 Gäste aus dem In- und Ausland bevölkern am Ballabend die Staatsoper, dazu kommen 2000 Mitwirkende und Mitarbeiter des Hauses. Das Gedränge ist enorm, wie sich auch in der Live-Übertragung des österreichischen Fernsehens erkennen lässt. Die besondere Mischung aus altösterreichischer Tradition und Knowhow hat Österreichs Bälle zu einem Exportschlager werden lassen. In rund 30 Städten weltweit, von New York bis Moskau, finden sie Nachahmer.

Schrill, schräg und bunt: Life Ball

In puncto Schlagzeilen hat der Opernball längst Konkurrenz durch den Life Ball bekommen, der im Juni – also außerhalb der klassischen Ballsaison – im Wiener Rathaus über die Bühne geht. Der Dresscode: schrill, schräg und bunt. Während im Haus am Ring Debütantinnen für Glanz und Glamour sorgen, sind es beim Life Ball Drag Queens, Paradiesvögel und Party People in möglichst extravagantem Outfit.

Mit dem Ball ist ein ernstes Anliegen verknüpft – der Kampf gegen die Immunschwächekrankheit Aids. Elton John und Bill Clinton, Super-Models wie Naomi Campbell und Heidi Klum sowie die berühmtesten Modeschöpfer der Welt sind dem Ruf von Organisator Gery Keszler nach Wien gefolgt, um Spenden für Hilfsprojekte aufzutreiben und das öffentliche Bewusstsein für HIV und Aids zu schärfen. Im Vergleich dazu hat der Opernball hinsichtlich Glam- und Promifaktor noch Luft nach oben.

Informationen

Opernball, Wiener Staatsoper, Opernballbüro, Tel. 01 514 44 26 06, www.wiener-staatsoper.at/opernball; letzter Donnerstag vor dem Aschermittwoch in der Staatsoper
Life Ball, http://lifeplus.org und, Inspiration für außergewöhnliche Outfits, www.lifebible.org; im Juni im Wiener Rathaus und am Rathausplatz
Tanzkurse: Tanzschule Rueff, Friedrich-Schmidt-Platz 4, 1080 Wien, Tel. 01 405 26 69, www.tanzschulerueff.at; Tanzkurse beinahe tgl., Einstieg jederzeit Zeiten im Internet. Weitere Anbieter auf www.wien.info, Stichwort Tanzschule

*Ab-Preis im Sitzwagen 2. Klasse pro Person und Richtung inkl. Sitzplatzreservierung, kontingentiertes und zuggebundenes Angebot, max. 6 Monate (180 Tage) vor Fahrtantritt buchbar. Liege- oder Bettplatz sind aufpreispflichtig. Keine Ermäßigungen. Stornierung und Erstattung ausgeschlossen.

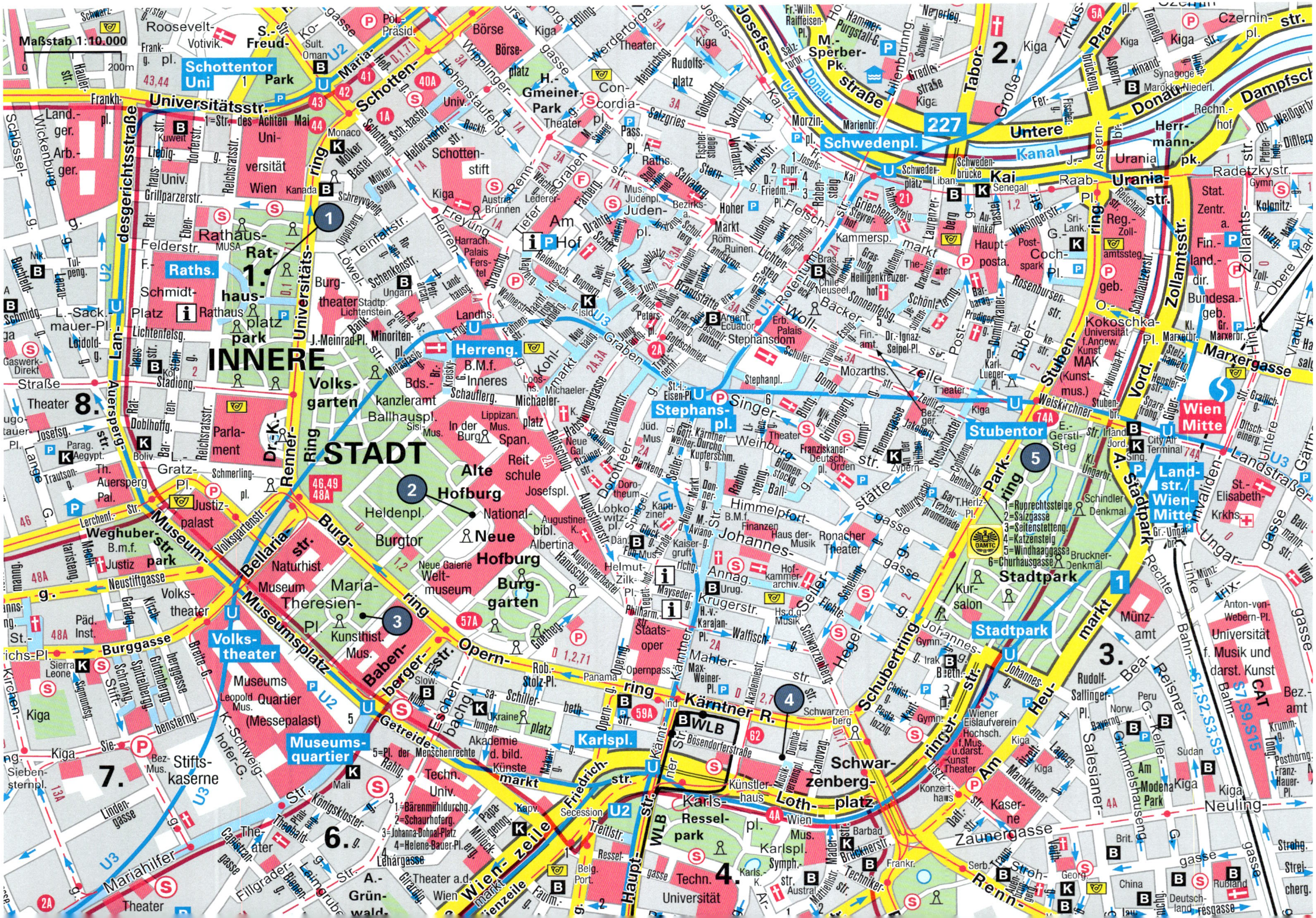
Maßstab 1:10.000
200m
INNERE
STADT
1.
2.
3.
4.
6.
7.
8.
Schottentor Uni
Raths.
Herreng.
Stephans-pl.
Stubentor
Schwedenpl.
Wien Mitte
Land-str./Wien-Mitte
Stadtpark
Karlspl.
Museums-quartier
Volks-theater
Universitätsstr.
Rathaus-park
Volks-garten
Hofburg
Neue Hofburg
Burg-garten
Heldenpl.
Burgtor
Maria-Theresien-Pl.
Museumsplatz
Naturhist. Museum
Kunsthist. Mus.
Staats-oper
Karls-pl.
Ressel-park
Techn. Universität
Schwar-zenberg-platz
Marxergasse
Zollamtsstr.
Untere
Kanal
Donau
Urania
Stephansdom
Graben
Kärntner R.
Opern-ring
Burg-ring
Schubertring
Park-ring
Stuben-
Schotten-
Börse
Parla-ment
Theater
WLB
S7,S9,S15
S1,S2,S3,S5
Universität f. Musik und darst. Kunst
CAT
227

Musik, Museen und Monumente

Nirgendwo ist der einstige Glanz der Donau-Monarchie so präsent wie entlang der Ringstraße und in der Hofburg, einem einstigen Zentrum der Macht in Europa. Schätze von Weltbedeutung versammeln Kunst- und Naturhistorisches Museum. Auszeit gewünscht? Schöne Parks und Gärten Parks verleihen den Architekturfestspielen auch eine grüne Note.

1 Rathausplatz

Rathaus klingt nach Tintenburg – der Sitz der Wiener Stadtregierung präsentiert sich zumindest auf dem Platz vor dem Ringstraßenbau als weltoffener Ort mit Festivals und Kulturhighlights. Im Burgtheater gegenüber wird Schauspielkunst hochgehalten (U2 Rathaus, Straßenbahnen 1, 71 und D Rathaus/Burgtheater).

SEHENSWERT

Das im Zuge des Ringstraßenbaus errichtete **Rathaus** (1872–1883) erinnert an flämische Rathäuser der Gotik. Auf Stiege 6 kann man eine Runde mit einem der letzten historischen Paternosteraufzüge machen (www.wien.gv.at/verwaltung/rathaus; Mo.–Fr. 7.30–18.00, Führungen Mo., Mi. und Fr. 13.00 Uhr).

Das **Burgtheater** ist eine der ersten Adressen für Schauspiel im deutschsprachigen Raum. Bei der Eröffnung 1888 fanden das Fassaden-Styling mit Anklängen aus der italienischen Renaissance und technische Neuerungen wie elektrische Beleuchtung großen Anklang. „Die Burg", wie sie oft genannt wird, war unter dem Bochumer Direktor Claus Peymann (1986–1999) Garant für Theaterskandale, kam dann aber in ruhigere, manche sagen seichtere, Gewässer. 2019 übernimmt Martin Kusej die Intendanz über die Theaterinstitution (www.burgtheater.at; Führungen Sept.–Juni. tgl. 15.00 Uhr).

Südl. des Rathausplatzes schließt sich das vor 130 Jahren erbaute klassizistische **Parlament** an. Mittlerweile wurde eine grundlegende Sanierung notwendig – bis 2020 tagen Österreichs Volksvertreter in der Hofburg. Erholung finden gestresste Volksvertreter und Wiener im gepflegten Grün des Volksgartens gegenüber. Blickfänge sind der prachtvolle Rosengarten und das malerisch von Bassins und Bäumen eingerahmte Kaiserin-Elisabeth-Denkmal (1907).

VERANSTALTUNGEN

Zu den Top-Events am **Rathausplatz** TOPZIEL gehört das **Musikfilmfestival** im Juli und Aug. (freier Eintritt). Im Dez. macht der riesige **Christkindlmarkt** Vorfreude auf die Bescherung, von Mitte Jan. bis Anf. März wird im Rathauspark eisgelaufen. Zu den Kulturhöhepunkten zählen die Eröffnung der **Wiener Festwochen** im Mai und der **Life Ball** im Juni.

2 Hofburg

18 Trakte, verschachtelte Höfe, mehr als 2600 Zimmer: Die **Hofburg** TOPZIEL zwischen Ringstraße und Michaelerplatz ist ein Palastkomplex der Superlative – und dank Jahrhunderte langer Baugeschichte von Gotik bis in die Gegenwart auch einer der Unübersichtlichkeit. Vom 13. Jh. bis zum Ende der Donau-Monarchie 1918 regierten die Habsburger ihr immer größer werdendes Reich meist von der Hofburg aus. Heute residiert in einem Teil Österreichs Bundespräsident; die Hofburg ist aber auch Kongresszentrum und beherbergt wertvolle Bücherbestände, die Spanische Hofreitschule sowie bedeutende Museen (U3 Herrengasse, U2/U3 Volkstheater, U1 Stephansplatz; Straßenbahn 1, 2, 71 und D Burgring).

SEHENSWERT

Von der Ringstraße aus ist diese „Stadt in der Stadt" über den Heldenplatz mit den Reiterstandbildern Erzherzog Karls und Prinz Eugens (1860/1865) erschlossen. Die **Neue Burg** mit der historistischen Fassade entstand im 19. Jh.; eine Passage führt zum zentralen Platz der Hofburg (In der Burg) mit dem Denkmal Kaiser Franz' I. Über das rot-schwarze Schweizertor von 1552 geht es in den **Schweizerhof**, den ältesten Teil des Palastkomplexes, mit Zugängen

Tipp

Alles Gold, was hier glänzt

In der Kaiserlichen Schatzkammer funkeln die Krone des Heiligen Römischen Reiches Deutscher Nation (962), die österreichische Kaiserkrone, Reichsäpfel, Zeremonienschwerter und kostbarste Gewänder um die Wette. Pretiosen wie ein Riesensmaragd und eine spätantike Achatschale, die man einst für den sagenumwobenen Heiligen Gral hielt, schmuggelten sich dazwischen.

INFORMATION
Kaiserliche Schatzkammer, Hofburg, www.kaiserliche-schatzkammer.at; Mi.–Mo. 9.00–17.30 Uhr

Hofburg mit Sisi-Museum (links) und Speisesaal in den Kaiserappartements (rechts oben). „Palmenhaus" im Palmengarten (rechts unten)

zur **Schatzkammer** und zur **Hofburgkapelle** (www.hofburg-wien.at). Vom Josefsplatz mit dem Monument des Reformers Joseph II. erschließen Zugänge den **Burggarten,** die kleinste der öffentlichen Parkanlagen an der Ringstraße. Das Jugendstilglashaus des **Palmengartens** beherbergt einen tropischen Mini-Regenwald, exotische Schmetterlinge gaukeln durch die Lüfte, und eine stylische Brasserie gibt es auch (**€€ Palmenhaus,** Tel. 01 533 10 33, www.palmenhaus.at).

Tipp

Wenn ich einmal groß bin …

Im Sommer machen die Schulhengste Urlaub auf dem Land – dafür kommen die Lipizzaner-Fohlen aus dem Gestüt Piber zur Sommerfrische nach Wien und inspizieren ihren künftigen Arbeitsplatz. Eine (kostenlose) Gelegenheit, den Nachwuchs mit ihren Müttern zu bewundern, bietet sich auch: Bei Schönwetter geht's in den Burggarten.

An der 1562 gegründeten **Spanischen Hofreitschule** im Michaelertrakt der Hofburg wird bis heute die klassische Reitkunst in der Renaissancetradition der „Hohen Schule" praktiziert. Mit Galopp-Pirouetten, Schulsprüngen und ihrem „weißen Ballett" begeistern die Lipizzaner-Hengste Pferdefreunde in der barocken Winterreitschule (1735), einem der schönsten Reitsäle der Welt. Von geführten Rundgängen über die Morgenarbeit, einem leichten Training mit Musikbegleitung, bis zu den Gala-Vorführungen wird ein Programm für jede Brieftasche geboten. Am besten erkundigt man sich im Besucherzentrum unter der Michaelerkuppel (Termine auf www.srs.at, Tel. 01 533 90 31; tgl. 9.00–16.00 Uhr).

MUSEEN

Mit rotem Seidendamast bespannte Wände, Möbel im Rokoko-Stil, Lüster aus böhmischem Bleikristall und üppige Stuckaturen begleiten den Gang durch die **Kaiserappartements,** seit 1918 praktisch unverändert. Höfische Prachtentfaltung verbindet sich mit Einblicken in das Privatleben von Kaiser Franz Joseph und Kaiserin Elisabeth. Im **Sisi-Museum** wird der Kult thematisiert, der mit der Ermordung der Kaiserin 1898 in Genf in Gang kam und durch die „Sissi"-Filmtrilogie der 1950er-Jahre mit Romy Schneider in der Hauptrolle ins Kitschige abdriftete. Die **Silberkammer** lässt die Tischkultur am Hof in endlosen Vitrinen voller edler Services für alle Gelegenheiten, vom Staatsbankett bis zum Jagdausflug, Revue passieren (www.hofburg–wien.at; tgl. ab 9.00 Uhr. Sisi-Museum, Kaiserappartements und Silberkammer sind mit einem Ticket zu besichtigen. Dauer der Audioguide-Führung ca. 2 Std.).

Bibliophile Besucher verzaubert der Prunksaal der **Nationalbibliothek;** 200 000 Bände umfasst die größte Barock-Bibliothek der Welt (Josefsplatz, www.onb.ac.at; Juni–Sept. tgl. 10.00–18.00, sonst Di.–So. 10.00–18.00, Do. 10.00–21.00 Uhr). In der **Neuen Burg** befinden sich mit **Ephesos-Museum, Hofjagd- und Rüstkammer** sowie der **Sammlung Alter Musikinstrumente** drei Dependancen des Kunsthistorischen Museums (www.khm.at; Mi.–So. 10.00–18.00 Uhr). Das **Weltmuseum** (ehemals Museum für Völkerkunde) schließt den Komplex zur Ringstraße hin ab; die Geschichten aus aller Welt sind viel packender erzählt als früher (www.weltmuseumwien.at; Do.–Di. 10.00–18.00 Uhr).

3 Maria-Theresien-Platz

Der Maria-Theresien-Platz mit dem 1887 eingeweihten Denkmal der Monarchin verbindet das Naturhistorische und das Kunsthistorische Museum. In diesen Häusern haben große Teile der Habsburger-Sammlungen einen dauerhaften Platz gefunden (U2 Volkstheater oder Museumsquartier, Straßenbahnen 1, 2, 71 und D Burgring oder Dr.-Karl-Renner-Ring, Straßenbahn 49 Volkstheater, Bus 48A Volkstheater).

SEHENSWERT

Dutzende Schausäle mit Legionen von ausgestopften Tieren und einzigartige Exponate von der 30 000 Jahre alten Plastik der Venus von Willendorf bis zum lebensechten Modell eines Allosaurus stecken im **Naturhistorischen Museum** den Erlebnisrahmen für große und kleine Besucher ab. Errichtet wurde das Museum zusammen mit seinem Spiegelbild gegenüber von den Architekten Karl Hasenauer und Gottfried Semper bis 1889 im Stil des Wiener Historismus (www.nhm–wien.ac.at; Do. bis Mo. 9.00–18.30, Mi. 9.00–21.00 Uhr, Dachrundgang Mi. 18.30 und So. 16.00 Uhr).
Zu den Schätzen des **Kunsthistorischen Museums** TOPZIEL gegenüber zählen die Gemälde des Niederländers Pieter Bruegel sowie Meisterwerke von Rubens, Rembrandt, Raffael, Vermeer, Tizian und Dürer; dazu kommt die Kunstkammer der Habsburger (www.khm.at; Juni–Aug. tgl. 10.00–18.00, sonst Di.–So. 10.00–18.00, Do. 10.00–21.00 Uhr).

Am Postsparkassen-Gebäude (links). Im Museum für Angewandte Kunst (rechts oben) und im Naturhistorischen (rechts unten)

4 Musikvereinsplatz

Im Goldenen Saal des Musikvereins ein Konzert zu erleben, gehört für Musikfreunde zum Eindrücklichsten eines Wien-Besuchs. Weltbekannt ist das Haus für das Neujahrskonzert der Wiener Philharmoniker (U1, U2 und U4 Karlsplatz, Straßenbahnen D und 71 Schwarzenbergplatz, Bus 4A Lothringerstraße).

SEHENSWERT

„So hoch auch die Erwartungen gehen mochten, so wurden sie doch von dem ersten Eindruck des Saales überboten, der an architektonischer Schönheit und stilvoller Pracht einzig in seiner Art dasteht", schrieb eine Wiener Zeitung 1870 nach der Einweihung des Großen bzw. Goldenen Saales im **Musikverein.** Auch der Brahmssaal und die 2004 in einem unterirdischen Erweiterungsbau hinzugefügten vier neuen Säle – benannt nach den Grundbaustoffen Glas, Metall, Stein und Holz – sind hörens- und sehenswert. Führungen dauern ca. 45 Minuten (Musikvereinsplatz 1, www.musikverein.at und www.wienerphilharmoniker.at; Führungen Mo.–Sa., genaue Termine online).

UMGEBUNG

Die musikalische Bandbreite ist im **Wiener Konzerthaus** jenseits des Schwarzenbergplatzes noch größer. Im Jugendstil-Ambiente von 1913 gastieren neben Klassik regelmäßig auch die Genres Jazz, Rock, World Music und Modern. Wie im Musikverein bemüht sich das Konzerthaus, neue Generationen für die Musik zu begeistern (Lothringerstraße 20, www.konzerthaus.at).

An rund 300 Tagen im Jahr hebt sich in der **Wiener Staatsoper** der Vorhang für die Bewunderer der Werke Verdis, Puccinis, Mozarts und Co. Über 50 Opern und Ballettwerke kommen alljährlich zur Aufführung – kaum ein anderes Opernhaus kann mehr bieten (www.wiener-staatsoper.at; Führungen Tel. 01 514 44 22 50 bzw. online). Schlagzeilen beschert dem 1869 eröffneten Musiktempel allerdings die Ausrichtung des glamourösen Opernballs (s. auch S. 46).
Gute Opernplätze sind naturgemäß teuer, jedoch: Über 80 der Aufführungen werden vor der Oper live auf einer Leinwand ausgestrahlt – höchster Musikgenuss zum Nulltarif.

5 Stadtpark

Im Südosten lockt das Grün des Stadtparks, 1862 als Wiens erste öffentliche Parkanlage eröffnet. Beim Flanieren hat man auch einen Blick auf den Wien-Fluss, der allerdings in seinem Betonkorsett wenig ansehnlich dem Donaukanal entgegen plätschert (U4 Stadtpark und Landstraße, U3 Stubentor).

SEHENSWERT

Golden blitzt zwischen den Stadtpark-Bäumen das **Denkmal von Johann Strauss** (Sohn), das vielleicht meistfotografierte der Donau-Metropole. Im Kursalon ein paar Meter weiter begeisterte der „Walzerkönig" (1825–1899) sein Publikum.
Rötlich leuchtet am Nordende des Parks die Ziegelfassade des **Museums für Angewandte Kunst** (MAK); 1871 wurde es als erster Museumsbau am Ring eingeweiht. Ausgeführt wurde das Gebäude von Architekt Heinrich Ferstel im Stil der Neorenaissance. Zeitlos elegant erscheinen die Designs für Glas, Porzellan, Textilien und weiteren Werkstoffen, welche die 1903 von Josef Hoffmann und Koloman Moser gegründete Wiener Werkstätte hervorgebracht hat. Gustav Klimts blattvergoldeter Entwurf für den berühmten Fries des Palais Stoclet in Brüssel hat in dem Ensemble ebenso einen Fixplatz wie eine der bahnbrechenden Frankfurter (Einbau-)Küchen von Margarete Schütte-Lihotzky und Designs zeitgenössischer Künstler (Stubenring 5, www.mak.at; Di. 10.00–22.00, Mi.–So. 10.00 bis 18.00 Uhr).
Perfekte Abrundung des Jugendstil-Schwerpunkts ist jenseits der Ringstraße Otto Wagners **Postsparkassen-Gebäude** am Georg-Coch-Platz, ein Schlüsselwerk der europäischen Moderne. Der 1906 eröffnete Bau mit den berühmten Kassensälen steht Interessierten noch bis mindestens Mitte 2018 offen – seine Zukunft ist allerdings ungewiss (www.ottowagner.com).

RESTAURANT

Gourmets von nah und fern zieht es ins **€€€ Steirereck** mitten im Stadtpark, Österreichs wohl führendem Feinschmeckertempel (Am Heumarkt 2A, Tel. 01 713 31 68, www.steirereck.at).

Genießen Erleben Erfahren

DuMont Aktiv

Sightseeing mit sportlicher Note

Die Leihräder stehen an einem Dutzend Standorten rund um die Ringstraße bereit. Die Anmeldung erfolgt für Besucher am einfachsten mit Kreditkarte. Nach Registrierung am Touchscreen der Terminals – bzw. im Voraus online – einen Drahtesel entsperren und losradeln. Und: Die erste Stunde ist immer gratis.

Lockt das Naturhistorische Museum? Kein Problem: Das Rad am nahen Citybike-Terminal Volksgarten angedockt – wenn die Saurier gewürdigt sind, borgt man sich aufs Neue ein Rad aus und startet die nächste Etappe auf dem bestens ausgeschilderten Ring-Radweg. Einen kleinen Obolus bezahlt nur, wer das Citybike länger als eine Stunde am Stück benützt.

120 Verleihstationen verteilen sich auf das Stadtgebiet. Somit steht auch einer Radtour auf die Donauinsel oder in den Prater nichts im Wege. Nur für Ausflüge in den Wienerwald sollte man sich eine Alternative überlegen – für längere Steigungen sind die einfachen Räder doch nicht so geeignet. Das Radwege-Netz in Österreichs Hauptstadt ist gut ausgebaut, eine spezielle Radkarte halten Hotels und Tourist-Informationen bereit.

Information

Citybike Wien, 120 Terminals in und um Wien (www.citybikewien.at; Anmeldung mit Kreditkarte). **Die Radstation** am Hauptbahnhof hat neben City-Bikes auch E-Bikes (www.dieradstation.cc; tgl. 8.00–20.30 Uhr, 30 €/24 Std.).

Ring-Alternative ist die 25-Min.-Runde mit der gelben Ring-Tram von 10.00 bis 17.30 Uhr im 30-Min.-Takt ab Schwedenplatz (Informationen, auch auf „Wienerisch", über Audioguide; Fahrpreis 9.– €).

An der schönen blauen Donau

Donaukanal, Donauinsel, Neue Donau, Alte Donau – ein Freizeitparadies nach dem anderen buhlt um die Aufmerksamkeit der Wiener. Als citynächste Vergnügungsmeile präsentiert sich der lange vernachlässigte Donaukanal. Erholsame und laute Seiten zugleich zeigen Prater und Augarten.

Karibisches Flair mitten in der Stadt: In der „Strandbar Herrmann" an der Mündung des Wien-Flusses in den Donaukanal lässt sich auch der heißeste Sommer ertragen

Der Donaukanal, der die Innenstadt von der Leopoldstadt trennt, hält einige interessante Facetten des sommerlichen Wiens bereit. Mit der Donauregulierung um das Jahr 1870 hatte der Wasserarm seine Funktion als Güterweg verloren und war im Dornröschenschlaf versunken, bevor er erst vor ein paar Jahren wieder wachgeküsst wurde.

Wo der Wien-Fluss in den Donaukanal mündet und Angler geduldig auf einen Fang warten, breitet sich ab Mai die „Strandbar Herrmann" aus. Tonnen feinsten, goldgelben Sands verwandeln die Landzunge hinter der altehrwürdigen Urania-Sternwarte in eine urbane Sommerterrasse. Liegestühle und Lautsprecherboxen werden aufgestellt, Daiquiris und Mojitos wandern zu karibischen Klängen über die Tresen. Auf Großleinwand werden Fußballspiele ausgestrahlt; an anderen Abenden geht die Silent Disco in Szene, eine Kopfhörerparty. Auf beiden Seiten des Donaukanals geht es im Urlaubstakt weiter, bis zur Summerstage 2,5 Kilometer flussaufwärts. Imbissbuden neben Gourmet-Treffs, orientalische Küche, Grillspezialitäten und Pasta. Live-Musik? Eine Partie Beachvolleyball? Ein Schiffsausflug? Ein paar Längen geschwommen? Geht auch, auf dem Badeschiff, das am Ufer verankert liegt.

Die Wände entlang der ehemaligen Treidelwege sind Bühne für Graffiti-Künstler von nah und fern – zur Verschönerung gebeten hat sie die Stadt Wien. „Relax, you are just cosmic dust" – so bringt ein Wandgemälde das Donaukanal-Motto auf den Punkt. Zu schrillen Farben und Formen gesellt sich Jugendstil vom Feinsten. Otto Wagners Stadtbahn-Stationen Rossauer Lände und Friedensbrücke sind Hingucker. Der Jahrhundertwende-Architekt hat auch das Schützenhaus gestaltet, als Teil einer nie realisierten Schleusenanlage. Blaue Keramikfliesen und Wellenornamente schmücken die Außenflächen, heute edle Kulisse für ein Restaurant.

Der DC Tower ist mit seinen 250 Metern höchstes Gebäude Österreichs (oben). Freizeitrevier Donaukanal – und das nicht nur im Badeschiff (unten)

Donau City und Donau vom Donauturm aus gesehen (oben). Die Leopoldstadt ist das Zentrum jüdischen Lebens in Wien (Mitte links). Der Karmelitermarkt bietet seit 1671 ein ausgewähltes kulinarisches Programm (Mitte rechts). Auf dem Donaukanal hat auch der Twin City Liner, das Linienschiff der Verbindung Wien–Bratislava, seinen Liegeplatz (unten)

Mit Blick auf Alte Donau und Donau City: „Restaurant Ufertaverne" an der Oberen Alten Donau

Die Donauinsel ist ein 21 Kilometer langes und 250 Meter breites Neuland zwischen Donau und Neuer Donau. Sie ist zu einem beliebten Erholungsgebiet geworden

Sängerknaben Special

Klangkörper

Im barocken Augarten-Palais sind die Wiener Sängerknaben zu Hause. Ihr Gründungsjahr 1498 macht sie zur „ältesten Boyband der Welt“.

Wenn die Sopran- und Altstimmen der zehn- bis 14-jährigen Sangeskünstler erklingen, wird auch klar, warum sie als musikalische Botschafter Österreichs in der ganzen Welt so beliebt sind. Das Pensum ist anspruchsvoll: musikalische Ausbildung neben regulärem Unterricht, zahlreiche Auftritte, absolviert im klassischen Matrosenanzug, und nach Tourneen muss das in der Schule Versäumte nachgeholt werden. Alle Sängerknaben, auch jenen, die aus Wien stammen, leben im Internat. Die 100 Jungs mit den Engelsstimmen sind auf vier Chöre aufgeteilt. Mit dem Stimmbruch ist es mit der Karriere allerdings – zumindest fürs Erste – zu Ende.

Scheinehe von Wien und Donau

Wiens Hinwendung zur Donau ist gar nicht so alt, wie man meinen möchte. Als Johann Strauss 1867 mit seinem Walzer „An der schönen blauen Donau“ einen Riesenhit landete, war das einige Takte verfrüht. Abgesehen davon, dass sich die Donau nicht besonders blau präsentierte, floss der Hauptstrom als damals weitverzweigter Fluss deutlich an Wien vorbei. Erst eine groß angelegte Regulierung verwandelte Europas zweitlängsten Strom in eine gezähmte Wasserstraße.

Pack die Badehose ein!

Mit erfreulichen Nebeneffekten für die Bevölkerung, die nun die vom Hauptstrom abgetrennte Alte Donau zu erobern begann. Widerstände waren zu überwinden. Dass Frauen und Männer gemeinsam badeten, fanden einige nicht schicklich – doch je mehr die Industrialisierung Fahrt aufnahm, desto dringender suchten die Menschen Abstand zu ihren engen Wohnungen und zur dicken Luft über der Stadt. Naturheilapostel predigten die Vorzüge einer natürlichen Lebensweise – Wasser, Licht und Sonne fand man nunmehr auf der linken Donau-Seite zuhauf. Heute reiht sich an der Alten Donau ein Strandbad ans nächste, manche sind sogar kostenfrei. Das bekannteste ist das Gänsehäufel. Auf einer Liegewiese unter mächtigen Pappeln und Platanen, zum kühlen Nass nur ein paar Schritte – so lässt es sich an den heißen Tagen, von denen auch Wien immer mehr hat, aushalten.

Insel der Seligen

Hundert Jahre nach der ersten Donauregulierung justierte Wien noch einmal nach. Von 1972 bis 1988 erfolgte der Bau des Entlastungsgerinnes – der Neuen Donau –, um die Stadt vor immer noch möglichen Hochwässern zu schützen. Das Aushubmaterial bildete die Basis für die Donauinsel, die sich durch Aufforstungen in eine Erholungsoase für Wanderer, Radfahrer, Skater, Sonnenanbeter und Badende verwandelte. Weit abseits der nächsten Wohngegenden geht hier schon seit 1984 das Donauinsel-Fest mit bis zu drei Millionen Besuchern über die Bühne. Der Basspegel stört höchstens Rehe, Füchse und Hasen, und wenn einmal beim Joggen ein Baum vor den Füßen liegt: Da hat wohl ein Biber seine neue Heimat gestaltet. Wenige Meter über Flussniveau, bleiben die Silhouetten beider Stadthälften im Blick – herrlich! Und das ursprüngliche Ziel? Funktioniert bestens, denn als 2003 und 2010 „Jahrhundert-Hochwässer“ halb Mitteleuropa unter Wasser setzten, leckten die Donaufluten nur ein bisschen an Wien.

Das „Schweizerhaus“ gehört zu den Traditionsgaststätten im Prater – Budweiser Bier und Stelze zählen hier zu den Klassikern

Der Name Prater leitet sich vom lateinischen Wort für Wiese ab. Um von der früheren Auen- und Wiesenlandschaft etwas zu erkennen, muss schon das Wiener Riesenrad im Wurstelprater bemüht werden, das sich hier unermüdlich seit 120 Jahren dreht

Den Wurstelprater prägen längst Fahrgeschäfte der Art, wie sie überall auf großen Volksfesten zu finden sind

Zu den regionalen Spezialitäten des Wurstelpraters gehört das im alpinen Raum beliebte Armdrücken

Barometer der Lebensfreude

Im Prater prallen Welten aufeinander. Action lautet die Devise in jenem kleinen vorderen Teil, den die meisten Wien-Besucher mit Prater gleichsetzen – den Vergnügungspark mit dem berühmten Riesenrad, Geister- und Achterbahnen, Karussells und weiteren Spektakeln. Der Wurstelprater mündet in den ruhigeren „Grünen Prater“, ein Stück Wildnis in der Millionenstadt. Beliebt sind beide. 1766 machte Kaiser Joseph II. das kaiserliche Jagdgebiet zwischen Donaukanal und der Donau den Wienern zum Geschenk, schon wenige Jahre später wetteiferten 43 Wirtshäuser um die Gunst des Prater-Publikums. Ringelspiel-Betreiber und Kuriositätenkabinette siedelten sich an, das „noble“ Wien unternahm elegante Ausfahrten. Große Spektakel wie die Wiener Weltausstellung 1873 gingen im Prater über die Bühne.

Die alte Welt der Schausteller-Familien ist nur noch in Ansätzen und im Pratermuseum vorhanden. Längst haben Neonreklamen die Ausrufer ersetzt, Adrenalin-Quickies sorgen für Frequenz. Das Space Shot schießt Mutige in 60 Meter Höhe, der freie Fall sorgt für wacklige Beine. Sogar über die Wintermonate bleibt ein Teil der Attraktionen geöffnet. Einer der schönsten Wiener Frühjahrsbräuche ist ein Spaziergang im Prater – nicht nur, weil Robert Stolz einst dichtete: „Im Prater blüh'n wieder die Bäume / In Sievering grünt schon der Wein / Da kommen die seligen Träume / Es muss wieder Frühlingszeit sein.“

In den Grünen Prater

Der Ausblick vom Riesenrad, das mit 2,7 Stundenkilometern seine beschaulichen Runden dreht, macht Lust auf einen Spaziergang im „Grünen Prater“. Über mehr als vier Kilometer Länge führt die Prater-Hauptallee zum Lusthaus – eine klassische Strecke für Läufer. Langsam verklingen die Bassrhythmen und das Gejohle, Vögel zwitschern. Beim barocken Lusthaus-Pavillon ist für die Jogger der klassische Umkehrpunkt, für andere ist erst mal ein Einkehrschwung angesagt.

> „Ist es ein Park? Nein! Ist es eine Wiese? Nein! Ist es ein Garten? Nein! Ein Wald? Nein! Eine Lustanstalt? Nein! Was denn? Alles dies zusammengenommen!“
>
> Adalbert Stifter über den Prater.

Kürzere Runden bietet den Läufern der Augarten, den Joseph II. zehn Jahre nach dem Prater der Öffentlichkeit zugänglich machte. Mit streng komponierten Wegen und Alleen zeigt die Heimat der Wiener Sängerknaben seine barocken Wurzeln noch sehr deutlich im Nordwesten der Leopoldstadt.

Steine der Erinnerung

Vom Augartenspitz sind es nur noch wenige Meter zum urbanen Teil der Leopoldstadt. Einst war der zweite Bezirk das Zentrum jüdischen Lebens in Wien. 1938 lebten in Wien 185 000 Juden, nach dem Ende der Nazi-Herrschaft 1945 zählte man 2000 Überlebende. Die vor vielen Häusern der Leopoldstadt in den Boden eingelassenen „Steine der Erinnerung“ künden von den Schicksalen der einstigen Bewohner. Namen, Lebensdaten, Datum der Verschleppung, der Ermordung oder des Verschwindens sind darauf festgehalten. Man erfährt, wo Menschen vor ihrer Deportation in Konzentrationslagern zusammengepfercht wurden. Und auf einem Stein steht: „Zum Gedenken an ein Mädchen, das im 2. Stock gewohnt hat und dessen Namen wir nicht wissen.“ Heute leben schätzungsweise 8000 Menschen jüdischen Glaubens in Wien, die meisten von ihnen unverändert in der Leopoldstadt.

Beisl in Wien

Speisen wie ein Wiener

Mit gutbürgerlicher Wiener Küche und gemütlicher Atmosphäre behauptet sich das Beisl und bildet neben Kaffeehaus und Heurigen die dritte der kulinarischen Institutionen an der Donau. Dunkles Holz und eine Theke, heimelig muss es sein, man will ja etwas länger zusammensitzen. Wichtig ist das gemischte Publikum – in einem Beisl trifft man ziemlich sicher nicht nur auf andere Touristen.

1 Die Biowirtin

Alles bio lautet das kulinarische Credo von Cristina Rojik, die vor einigen Jahren in der Wiener City das erste Bio-Beisl der Stadt aus der Taufe hob. Das Wiener Schnitzel vom Bio-Kalb wird in der Pfanne in Schmalz vom Mangalitza-Schwein heraus gebacken. Serviert wird der Leckerbissen mit hausgemachtem Erdäpfelsalat und Kernöl. Saiblinge und Forellen bezieht Frau Rojik vom Biofischzüchter aus Salzburg, hausgemachte Antipasti und Pasta-Spezialitäten steuern eine mediterrane Note bei. Auch saisonale Köstlichkeiten von Spargel bis zu Pilzen haben ihren festen Platz auf der Speisekarte. Bio-Weine aus Österreich und Italien, Bio-Biere und Bio-Fruchtsäfte begleiten den Gaumenschmaus. Vertäfelte Wände, Weinregale, ein Bücherschrank und ein altes Radio sorgen für Wohnzimmer-Atmosphäre. An lauen Abenden verströmt der Schanigarten auf dem Pflaster der Annagasse romantisches Flair.

€€€ Die Biowirtin, Annagasse 12, 1010 Wien, Tel. 01 512 85 10, www.diebiowirtin.at: Di.–Do. 15.00 bis 24.00, Fr. und Sa. 12.30 bis 24.00 Uhr

2 Glacis Beisl

Das Glacis Beisl wurzelt in der Zeit, als Wien eine Stadtmauer hatte und der vorgelagerte Bereich – das Glacis – zum Flanieren genutzt wurde. Mittlerweile kombiniert das Lokal zeitgemäßes, puristisches Design mit authentischer Wiener Küche. Vom Gulasch, serviert mit Gurkerl, über Tafelspitz bis zu Blunzenradln (Blutwurst-Scheiben) wird die gesamte Palette ausgelotet. Ein Schmuckstück ist der Gastgarten mit seinen schönen Lauben – von dicken Mauern abgeschirmt, sitzt man abseits des Verkehrslärms.

€€ Glacis Beisl, Breitegasse 4, 1070 Wien, Tel. 01 526 56 60, www.glacisbeisl.at, tgl. 11.00–2.00 Uhr

3 Blauensteiner/Zur Stadt Paris

Das Eck-Beisl am Anfang der Josefstädter Straße lässt die Wiener Hausmannskost hochleben. Grießnockerlsuppe, Eiernockerl, Gulasch und gekochte Rinderbrust erhält man zu Preisen, wie sie in der gutbürgerlichen Josefstadt selten sind. Ein Gedicht ist das Kalbsherz in Wurzelsauce mit Semmelknödel. Liebhaber besonders deftiger Kost kommen beim Blunzenpudding (Blutwurst) mit Sauerkrautsalat auf ihre Kosten. Dazu werden österreichische Weine gereicht. Das Ambiente mit einfachen Wirtshaus-Stühlen und Resopaltischen, dunkler Holzvertäfelung und mehr als fünf Meter hohen Räumen schätzte bereits Stammgast Heimito von Doderer, der Autor der „Strudlhofstiege". Heute kann man hier dem Wiener Bürgermeister beim Mittagstisch begegnen. Im Schanigarten mit seinen Tischen und Stühlen auf dem Bürgersteig der Lenaugasse vor dem Lokal auf sitzt es sich so gemütlich, dass man gerne noch einen Zwetschgenstrudel ordert.

€ Gastwirtschaft Blauensteiner/Zur Stadt Paris, Josefstädterstraße 4, 1080 Wien, Tel. 01 405 14 67, www.gastwirtschaft-blauensteiner.at; Mo.–Sa. 11.00–23.30 Uhr

4 Gasthaus Rebhuhn

Wiener Küche in Reinkultur zelebriert auch das Gasthaus Rebhuhn. Der Schopfbraten wird mit dunklem Bier zubereitet, die Knödel sind hausgemacht. Auch gern nachgefragt: Wiener Schnitzel, Gulasch und Würstel mit Saft. Die Holzeinrichtung ist klassisch schön, auf den Tischen stehen oft frische Blumen. Kleiner Nachteil: Wenn das Lokal voll ist, kann es in der großen Stube laut werden.

€ Gasthaus Rebhuhn, Berggasse 24, 1090 Wien, Tel. 01 319 50 58, www.rebhuhn.at; Mo.–Sa. 11.00 bis 24.00 Uhr, Juli und Aug. Sa., So. und Fei. geschl.

5 Schöne Perle

Der Name klingt nach Fernost, doch bei der „Schönen Perle" im angesagten Karmeliterviertel handelt es sich um ein Wiener Beisl der neuen Art mit hellem und modernem Interieur. Das Schnitzel vom Strohschwein gehört zu den besten der Stadt, die Küche versteht sich aber auch auf fleischlose Gerichte von Kürbiseintopf über Mangold-Quiche bis zu einer reichen Auswahl an knackigen Salaten.

€€ Schöne Perle, Große Pfarrgasse 2, 1020 Wien, Tel. 0664 243 35 93, www.schoene-perle.at; tgl. 12.00 bis 23.00 Uhr

6 Am Nordpol 3

Eine böhmische Köchin gehörte im 19. Jh. zu den wichtigsten Angestellten eines gehobenen Wiener Haushalts – und mit den Kochkünstlerinnen aus dem Norden hielten auch deren Spezialitäten in der Donau-Metropole Einzug. Im Beisl am Augarten ergänzen einige dieser Schmankerl tschechischer Provenienz die traditionelle Wiener Küche. Die Krautsuppe mit Selchwurst gehört zu den Spezialitäten des Hauses und ist, ebenso wie Grammelknödel und der Schweinsbraten mit Sauerkraut, üppig portioniert. Dazu passt natürlich ein süffiges Jezek-Bier. Mohnpalatschinken oder Liwanzen, ein rundes Hefeteig-Gebäck mit Topfen (Quark), Rahm und Powidl (Pflaumenmus), müssen auch noch sein. Kontraste zur urigen Gaststube samt ihrer alten Theke setzen die farbenfrohen Bilder an den Wänden. Und der Gastgarten gehört zu den schönsten in der Leopoldstadt.

€ Am Nordpol 3, Nordwestbahnstraße 17, 1020 Wien, Tel. 01 333 58 54, www.amnordpol3.at; Mo.–Fr. 17.00–24.00, Sa. und So. 12.00–24.00 Uhr

7 Gasthaus Stern

Ein Beisl wie aus dem Bilderbuch ist auch das „Gasthaus Stern" in Simmering. Großes Augenmerk wird der Innereien-Küche gewidmet. Leber, Beuschl, Nieren und „weiße Niererl" (Stierhoden) haben einen treuen Freundeskreis. Wer es konventioneller mag: Auch Backhendl, (marinierte) Surschnitzel und saisonale Spezialitäten sind vorzüglich. Gigantisch ist die Cremeschnitte – vor ihr muss gewarnt werden! Die Weinkarte umfasst Spitzentropfen.

€€ Gasthaus Stern, Braunhubergasse 6, 1110 Wien, Tel. 01 749 33 70, www.gasthausstern.at; tgl. 9.00–23.00 Uhr

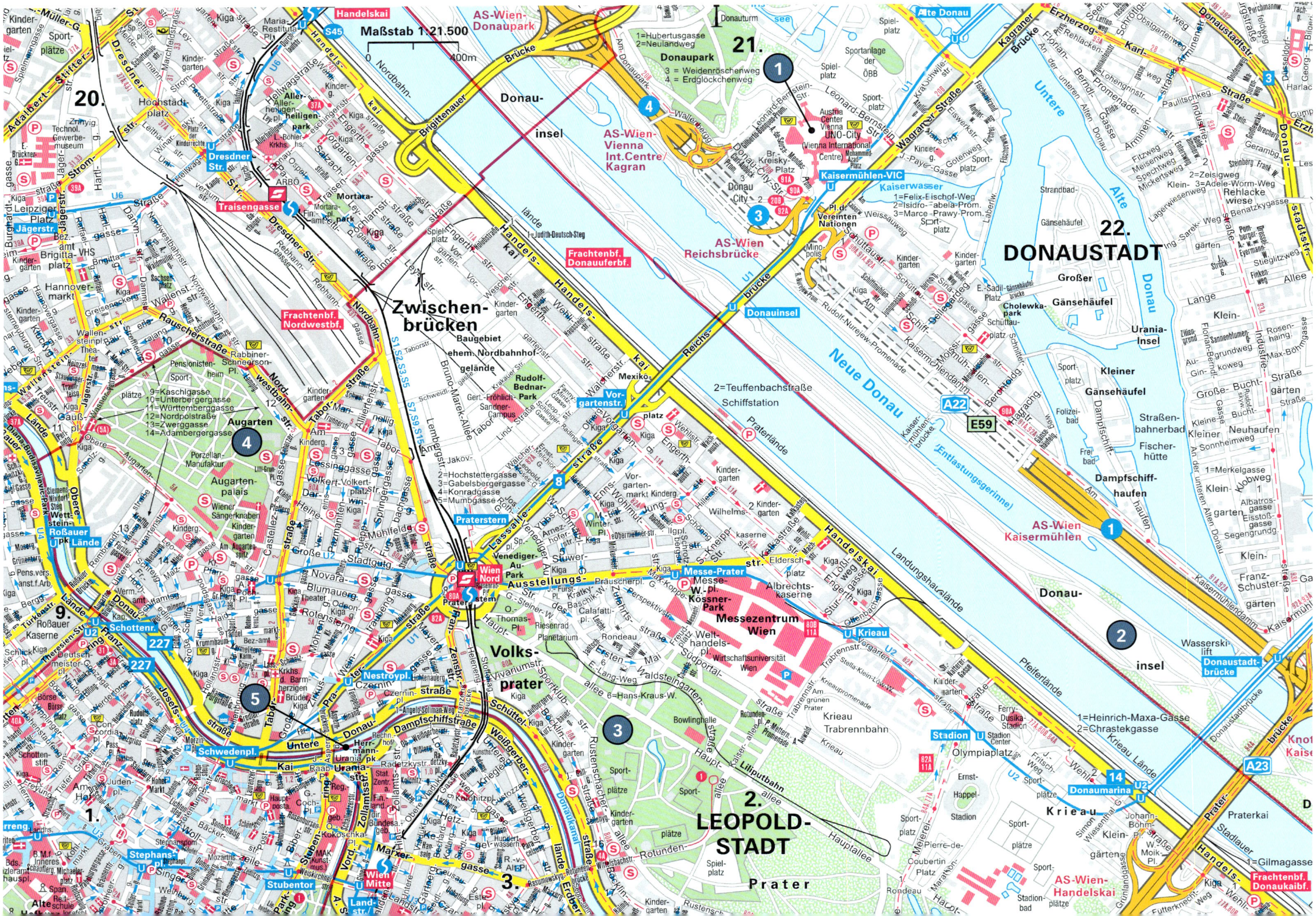

Maßstab 1:21.500
0
400m
21.
22.
DONAUSTADT
2.
LEOPOLD-
STADT
20.
9.
1.
3.
Donaupark
1=Hubertusgasse
2=Neulandweg
3 = Weidenröschenweg
4 = Erdglöckchenweg
AS-Wien-
Donaupark
AS-Wien-
Vienna
Int.Centre/
Kagran
AS-Wien
Reichsbrücke
AS-Wien
Kaisermühlen
AS-Wien-
Handelskai
Kaisermühlen-VIC
UNO-City
Vienna International Centre
Austria Center Vienna
Vereinten Nationen
Donauinsel
Neue Donau
Alte Donau
Untere
Donau-
insel
Zwischen-
brücken
Frachtenbf.
Donauuferbf.
Frachtenbf.
Nordwestbf.
Frachtenbf.
Donaukaibf.
Traisengasse
Dresdner
Str.
Handelskai
Praterstern
Wien Nord
Messe-Prater
Messezentrum
Wien
Volks-
prater
Prater
Krieau
Trabrennbahn
Augarten
Augarten-
palais
Schwedenpl.
Schottenr.
Roßauer
Lände
Stephansplatz
Stubentor
Wien
Mitte
Nestroypl.
Vorgartenstr.
Donaumarina
Stadion
Kaiserwasser
Großer
Gänsehäufel
Kleiner
Gänsehäufel
Urania-
Insel
Lassallestr.
Ausstellungsstr.
Reichsbrücke
Wagramer Straße
Brigittenauer Brücke
Handelskai
Praterkai
Hauptallee
Lilliputbahn
2=Teuffenbachstraße
Schiffstation
2=Hochstettergasse
3=Gabelsbergergasse
4=Konradgasse
5=Mumbgasse
9=Kaschlgasse
10=Unterbergergasse
11=Württembergasse
12=Nordpolstraße
13=Zwerggasse
14=Adambergergasse
1=Heinrich-Maxa-Gasse
2=Chrastekgasse
1=Felix-Eischof-Weg
2=Isidro-Fabela-Prom.
3=Marce-Prawy-Prom.
1=Merkelgasse
1=Gilmagasse
E59
A22
A23

Vom Kanal zum Strom der Donau

Auszeit von der Stadt gewünscht? Dann am besten an die Donau. Deren Freizeitparadiese ziehen Sportler, Sonnenanbeter und Naturfreunde in Scharen an. Erste Adresse Wiens in Sachen Vergnügen und Jahrmarkt-Atmosphäre ist der Wurstelprater – und das seit mehr als 250 Jahren. Jung und trendig präsentiert sich die Freizeitmeile am Donaukanal, nur einen Steinwurf von der Innenstadt entfernt.

1 Donau City

Am linken Ufer der Donau glitzern im Stadtteil Kagran die Stahl- und Glaspaläste der Donau City im Sonnenlicht. Hier verleihen u. a. die höchsten Gebäude Österreichs der Stadt ein bisschen New Yorker Flair (U1 Kaisermühlen).

SEHENSWERT/ERLEBEN
Blickfang in Sachen Design ist der 250 m hohe, dunkel glänzende **DC Tower 1** (Donau City Tower). Das 2014 eröffnete Hochhaus des französischen Architekten Dominique Perrault ist in „grüner" Bauweise errichtet, beherbergt außer einem Luxushotel auch Büros und in mehr als 200 m Höhe die **€€ 57 Lounge** des **Hotels Meliá Vienna.** Hier gibt es zu Cocktails, Tapas und coolen Sounds phantastische Wien-Blicke (Donau-City-Straße 7, www.57melia.com/lounge). Rivale in Sachen Aussicht ist der **Donauturm** (1964), mit 252 m bis zur Spitze gerade mal zwei Meter höher als der DC Tower. Schnelle Lifte befördern die Besucher hinauf zum rotierenden Aussichtsrestaurant in 165 m Höhe (Donauturmstraße 4, Tel. 01 263 35 72, www.donauturm.at; tgl. 10.00 bis 24.00 Uhr).
Die in den 1970ern errichteten Bürotürme der **UNO-City** (auch Vienna International Center/VIC) rufen in Erinnerung, dass Wien einer der vier Amtssitze der Vereinten Nationen ist. Am meisten Schlagzeilen macht hier die Internationale Atomenergiebehörde IAEA (Wagramer Straße 5, www.unvienna.org/visit; Führungen Mo.–Fr. 11.00, 14.00 und 15.30 Uhr).

UMGEBUNG
Alltagsstress verpufft in den Freizeitparadiesen an der **Alten Donau** TOPZIEL (U1 Alte Donau, U6 Neue Donau). Auf gut 5,2 km Länge reihen sich Strandbäder, Ufer-Restaurants und Promenaden. Prominentestes der Strandbäder (Anf. Mai bis Mitte Sept.) ist das Gänsehäufel. Zudem wird an dem Donau-Altarm beinahe die gesamte Palette der Wassersportmöglichkeiten ausgekostet.

Blick aus dem Donauturm (links). Wakeboardlift oder pure Erholung, die Donauinsel hat Raum für jede Art Freizeit (rechts oben und unten)

Tipp

Auf eine Stelze und Bier

Zum Prater-Programm gehört ein Aufenthalt im schönsten Biergarten der Stadt, dem „Schweizerhaus". Die saftigen Schweinsstelzen und die Erdäpfelpuffer sind Legende, dazu passt am besten ein frisch gezapftes Budweiser. Die reduzierte Kohlensäure macht das Bier bekömmlicher – aber bloß nicht übertreiben, wenn danach noch Schwerkräfte diverser Bahnen und Schaukeln auf einen einwirken!

INFORMATION
Schweizerhaus, Prater 116, Tel. 01 72 80 15 20, www.schweizerhaus.at; Mitte März–Okt.

2 Donauinsel

Mit der Donauinsel haben die Wiener einen Freizeitraum vor die Füße gelegt bekommen. Zehntausende genießen an heißen Sommerwochenenden ihre Freizeit auf „der Insel" (U1 Donauinsel, U2 Donaumarina und Donaustadtbrücke, U6 Neue Donau).

AKTIVITÄTEN
Auf der westlichen Seite genießt man schöne Stadt-Blicke, auf der Ostseite bietet die Neue Donau kostenfreien Badespaß mit Liegeflächen und schwimmenden Plattformen. In zwei gekennzeichneten Bereichen ist das textilfreie Baden erlaubt. Mit dem Fahrrad lässt sich die 21 km lange Donauinsel am besten erkunden – ein Verleih befindet sich am Nordende der Reichsbrücke (Am Damm 1, Tel. 01 263 52 42, http://fahrradverleih.at; März–Okt. ab 9.00 Uhr).

VERANSTALTUNG
Am letzten Juni-Wochenende geht mit dem **Donauinselfest** Europas größtem Gratis-Open-Air in Szene – gut ein Dutzend Bühnen zwischen Reichsbrücke und Nordbrücke werden simultan mit Konzerten aller Genres bespielt (www.donauinsel.wien.at).

❸ Prater

Seit seiner Eröffnung 1766 ist der **Prater** **TOPZIEL** erste Adresse der Wiener für einen vergnüglichen Tag im Freien. Von Praterrummeltagen bis zum Wintermarkt – einer lauten Version eines Adventsmarkts –, rund ums Riesenrad wird zudem viel Programm geboten (U1 und U2 Praterstern, S-Bahnen Praterstern und Wien Nord, Straßenbahnen O und 5).

SEHENSWERT
Vom Praterstern kommend, bestimmen die Umrisse des **Riesenrads** die Skyline. Was 1897, knapp vor dem 50-jährigen Thronjubiläum Kaiser Franz Josephs1898, eine Sensation war, ist heute in der Nostalgie-Abteilung beheimatet und erlaubt den Blick über Stephansdom und Kahlenberg bis zur Donau aus maximal 64 m Höhe (Riesenradplatz 1, www.wienerriesenrad.com; Mai–Aug. 9.00–23.45 Uhr, sonst kürzer).

Tipp

Aussichtsloge mit Design-Appeal

Mit dem puristischen Design von Star-Architekt Jean Nouvel und den pulsierenden Lichterdecken der Schweizer Künstlerin Pipilotti Rist ist das „LOFT" unter dem Dach des Sofitel-Hotels „Stephansdom" eine Augenweide. Besonders spektakulär ist es, bei einem Drink oder einem Gourmet-Dinner den Sonnenuntergang zu beobachten. Und es wird klar, warum das Hotel den Namen Stephansdom trägt, obwohl es am Donaukanal liegt: Der Blick auf Wiens Wahrzeichen macht's!

INFORMATION
Das LOFT im **Sofitel Vienna Stephansdom,** Praterstraße 1,1020 Wien, Tel. 01 906 16 81 10, www.dasloftwien.at

Der **Wurstelprater** – abgeleitet vom Wurstel bzw. Kasperl – vereint mehr als 200 Attraktionen; man zahlt im Wurstelprater keinen allgemeinen Eintritt, sondern für jede Fahrt extra (www.prateraktiv.at; Hauptsaison Mitte März–Okt.).

MUSEEN
Wer der Prominenz nahe sein will, ist bei **Madame Tussauds** richtig. In der Wien-Dependance der Londoner Attraktion dürfen

Der Wurstelprater im vorderen Teil des Parks macht den lauten Auftakt (links). Mit schöner Aussicht: „Motto am Fluss" (rechts)

Kaiser Franz Joseph und „Sisi", der Pop-Musiker Falco und Gustav Klimt in der Riege der lebensecht modellierten Wachsfiguren nicht fehlen (www.madametussauds.com/wien; tgl. 10.00 bis 18.00 Uhr). Einen nostalgischen Blick auf die Attraktionen von einst wirft das **Pratermuseum** neben dem Riesenrad (Fr.–So. und Fei. 10.00–13.00 und 14.00–18.00 Uhr). Noch schillernder als der Prater präsentiert sich das Œuvre von Friedensreich Hundertwasser (1928 bis 2000) im **Kunst Haus Wien** jenseits des Donaukanals. „Das Bunte, das Vielfältige … ist auf alle Fälle besser als das Graue", sagte er einmal: Im **Museum Hundertwasser** ist die Philosophie des Meisters manifest geworden (Untere Weißgerberstraße 13, www.kunsthauswien.com; tgl. 10.00–18.00 Uhr). Die Geschichte der Wiener „Öffis" von den Anfängen – der Pferdetram 1865 – erzählt das bestens bestückte **Verkehrsmuseum** der Wiener Linien (Erdbergstraße 109, www.remise.wien; Mi. 9.00–18.00, Sa. und So. 10.00–18.00 Uhr).

AKTIVITÄTEN
Der Spaziergang auf der über 4 km langen Hauptallee bringt einem die schönsten Seiten des **Grünen Praters** näher. Wenn einem unterwegs Kohlegeruch in die Nase steigt: Das ist die Liliputbahn, die seit 1928 ihre 4 km langen Runden zieht (www.liliputbahn.com; Mitte März bis Okt., am Wochenende mit historischen Dampfloks). Im **€€ Café-Restaurant Lusthaus** wird Wiener Küche in barockem Ambiente von 1783 geboten (Tel. 01 728 95 65, www.lusthaus-wien.at).

❹ Augarten

Die Silhouette des Augarten-Parks bestimmen gestutzte Baumreihen und zwei Flaktürme aus dem Zweiten Weltkrieg. Liegewiesen laden zum Picknick ein (U2 Taborstraße, Straßenbahn 31 Obere Augartenstraße/Gaussplatz, Straßenbahnen 2 und 5 Am Tabor sowie Taborstraße/Heinestraße, Bus 5A und 5B).

SEHENSWERT
Das barocke **Augarten-Palais** (17. Jh.) im südlichen Teil des Gartens ist seit 1948 Heimat der Wiener Sängerknaben, bekannt durch die sonntäglichen Messen in der Kapelle der Hofburg (Sept.–Juni). Wenige Schritte von Ausbildungsstätte und Internat entfernt, befindet sich ihr MuTh-Konzertsaal („Musik und Theater"), der neben dem Knabenchor auch Festivals eine ultramoderne Bühne bietet. An den Friday Afternoons (Sept.–Juni) stellen die Sängerknaben im MuTh ihr aktuelles Repertoire vor (Am Augartenspitz 1, www.muth.at).
Südl. und östl. des Augartens erstrecken sich die Straßen der **Leopoldstadt,** vor 1938 mit mehr als 40 % der Bewohner aus jüdischen Familien. Der **Weg der Erinnerung** macht die Geschichte der Vertreibung und Ermordung Tausender jüdischer Wiener zu nationalsozialistischen Zeiten mit Gedenksteinen sichtbar (http://steinedererinnerung.net).
Die Gassen um den **Karmelitermarkt** zählen zu Wiens beliebtesten und teuersten Wohngegenden. Der stimmungsvolle **Wochenmarkt** (Sa.) bringt bäuerliche Produkte nach Wien.

MUSEUM
1719 büchste der Meissener „Arkanist" Samuel Stöltzel mit der in Sachsen als Staatsgeheimnis gehüteten Porzellan-Rezeptur nach Wien aus – die Wiener Porzellanmanufaktur du Paquier etablierte sich in Europa als Konkurrenz Meissens. Nach wechselvoller Geschichte feierte die **Porzellanmanufaktur** 1923 im Schloss Augarten – dem heutigen Standort – Wiederauferstehung. Im Museum kann man

„War es im Prater lustig, dann war Wien gut gelaunt, und war Wien verstimmt, dann blieb auch der Prater leer." *„Bambi"-Autor Felix Salten 1897.*

sich in die Geschichte des weißen Werkstoffs vertiefen, Designs von den Anfängen über Prachtstücke der Wiener Werkstätte bis in die Gegenwart bewundern und Mitbringsel erwerben – bis heute von Hand gefertigt (Obere Augartenstraße 1, www.augarten.com; Museum und Verkauf Mo.–Sa. 10.00–18.00, Führungen Mo.–Do. 10.15 und 11.30 Uhr).

5 Donaukanal

Der **Donaukanal TOPZIEL**, der die Innenstadt von den Bezirken Leopoldstadt und Brigittenau trennt, hat einen spektakulären Aufschwung hinter sich. Sandstrände, Szenelokale, Sport und Spaß: Von Mai bis Okt. regiert an den ehem. Treidelwegen zwischen den U-Bahnen Rossauer Lände und Schwedenplatz Urlaubsgefühl (U4 und U1 Schwedenplatz, U2 Schottenring , U4 Rossauer Lände, Straßenbahn 1 und 2).

SEHENSWERT

Einen Blick ist das älteste in seiner Grundsubstanz noch bestehende Gotteshaus der Stadt wert, die **Ruprechtskirche** (Urspr. 12. Jh.) über dem Schwedenplatz. Sie war die Pfarre von Wien, bevor 1147 die Stephanskirche übernahm. Ihre Glasfenster-Ausstattung spannt einen Bogen von 1270 bis in die Gegenwart. Reinster Jugendstil blickt Besuchern dagegen von der Fassade des **Schützenhauses** entgegen, 1901 als Teil einer Schleusenanlage errichtet, als solches jedoch nie genutzt; heute wird hier Wiener Küche aufgetischt (Obere Donaustraße 26, Tel. 01 212 42 22,http://otto wagnerschuetzenhaus.at).

AKTIVITÄTEN

Die Uferbereiche laden zum Flanieren, Sport, Erholen und Chillen ein. Von der Schiffsstation Wien City zwischen Marien- und Schwedenbrücke startet der Twin City Liner seine 75-Min.-Fahrt nach Bratislava (www.twincityliner.com). Auch **Rundfahrtschiffe** nutzen den Terminal (www.ddsg-blue-danube.at; Mai–Okt. tgl.). Das **Badeschiff** knüpft an Traditionen des 19. Jh. an. Nach einigen Längen im 27 m-Pool kann man am Sonnendeck entspannen; im Winter lockt eine Eisbahn urbane Eisstock-Schützen (www.badeschiff.at; Sommer tgl. 8.00 bis 20.00 Uhr).

RESTAURANTS

Grillspezialitäten, Burger, Fisch oder orientalisches Fingerfood? In der warmen Jahreszeit verwandelt sich der Wasserarm in eine Lokalmeile mit Take-Away-Restaurants, Grillbuden und Strandbars. Immer geöffnet hat das €€ **Motto am Fluss,** das gehobene Gastronomie mit Wien-Blicken kombiniert (Franz-Josefs-Kai 2, Tel. 01 252 55 10, www.mottoamfluss.at).

VERANSTALTUNGEN

Beim **Donaukanaltreiben** Ende Mai sorgen Acts aus den Genres Indie, Rock und Electronic für gute Laune. Wie viele Wiener Kirchen bietet auch **St. Ruprecht** ein außergewöhnliches Musikprogramm (www.ruprechtskirche.at).

Genießen Erleben Erfahren

DuMont Aktiv

Leinen los!

Die Donau ist das Revier der Schleppkähne und der Ausflugsschiffe, die Alte Donau das der Freizeitkapitäne. 50 Meter neben der U-Bahn-Station Alte Donau stellt Marina Hofbauer Tret-, Ruder- und Elektroboote für jene zur Verfügung, die Wiens beliebteste Badeoase aus der Frosch-Perspektive erleben wollen. Sieben Stundenkilometer beträgt jedenfalls das Tempolimit für alles, was auf dem Seitenarm der Donau unterwegs ist.

Auf der einen Seite begleiten Wiens berühmte Strandbäder die Wasserexpedition. Über den Kronen der Pappeln und Weiden lugen die Hochhäuser der Donauplatte hervor. Gegenüber wechseln Badehäuschen mit Mini-Villen samt Privat-Bootssteg einander ab. Ist das Leihboot mit Leiter ausgestattet, kann man sich auch ein Bad außerhalb von Gänsehäufel und Co. genehmigen. Die Sicht reicht stellenweise bis zum Boden. Mittendrin zieht ein Mähschiff seine Kreise im Bemühen, den Wildwuchs an Wasserpflanzen in den Griff zu bekommen.

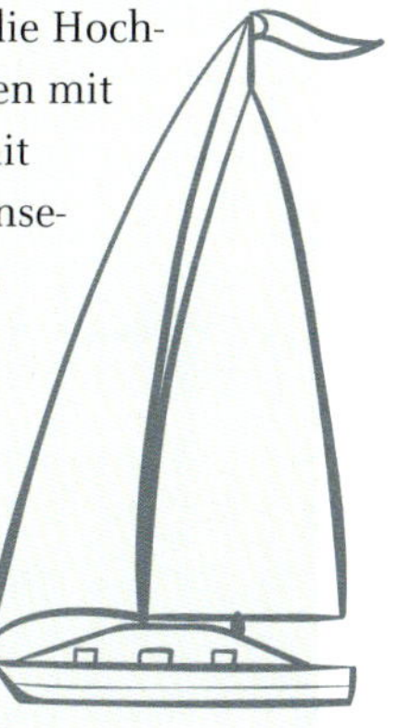

Wen unterwegs Magenknurren überkommt, legt etwa beim „Birner“ gegenüber dem Angelibad an und stärkt sich mit Wiener Hausmannskost. Angesagt – und näher dem Ausgangshafen – ist das „Strandcafé“ mit einem schwimmenden Gastgarten: Steckerlfisch und Ripperl kommen frisch aus Wiens größtem Indoor-Holzkohlegrill, das Steak vom Bio-Jungrind ließ sich auch schon Bill Gates schmecken! Für romantische Stunden empfehlen sich Mondscheinfahrten im Elektroboot.

Informationen

Allgemeine Informationen auf www.alte-donau.info
Bootsverleih Marina Hofbauer, Wagramer Straße 49/Ecke Arbeiterstrandbadstraße, Tel. 01 204 20 20 85, www.marina-hofbauer.at
Strandcafé, Florian-Berndl-Gasse 20, Tel. 01 203 67 47, www.strandcafe-wien.at
Gasthaus Birner, An der Oberen Alten Donau 47, Tel. 01 271 53 36, www.gasthaus birner.at

NACHBARIN

Wiens kreativste Ecken

Jenseits der Ringstraße zeigt Wien sein junges Gesicht. Trendige Einkaufsstraßen und Szene-Viertel wechseln einander ab, als Drehscheibe zeitgenössischen Kunstschaffens überstrahlt das MuseumsQuartier Wiens Kreativbezirk Neubau. Legendäre Kulturstätten erzählen vom Aufbruch Wiens in die Moderne, aber auch ein Besuch des Naschmarkts gehört zum Pflichtprogramm.

Bei der „Nachbarin" in Wiens Gumpendorfer Straße findet sich europäische Mode

Die Innenhöfe des Museums-Quartiers prägen seit 2002 die farbenfrohen Enzi-Möbel, ursprünglich von den Architekten Anna Popelka und Georg Poduschka entwickelt (oben und Mitte rechts). So manches Interesse bedient die Pathologisch-Anatomische Sammlung im Narrenturm (Mitte links)

Die (Um)Welt ist selbst Kunst: Durchblick im Leopold Museum des MuseumsQuartiers auf das Kunsthistorische Museum

Leopold Museum im MuseumsQuartier: Egon Schieles 1917 entstandene „Liegende Frau"

Spittelberggasse: Zwischen Hipster-Cafés, Ethno-Restaurants, Szene-Bars und Bierlokalen findet jeder sein Angebot

Kaum beginnen im Frühjahr die Vögel zu zwitschern, werden im MuseumsQuartier (MQ) die Enzi-Möbel ins Freie gerückt. Die kultigen Freiluftmöbel sind zum Markenzeichen des Kunstareals am Rande des siebenten Wiener Bezirks Neubau geworden. Zwischen dem anthrazitfarbenen Block des Museums moderner Kunst und dem schneeweißen Leopold-Museum blinkt es, je nach Saison-Farbe, etwa in sportgummirot oder twinnigrün.

Seit gut 15 Jahren bringen die MQ-Macher reichlich Farbe in die Wiener Kulturszene. Wo einst hinter repräsentativ-barocken Fassaden die Rösser der kaiserlichen Hofstallungen auf Hochglanz gestriegelt wurden, bürsten heute diverse Kunstinitiativen den Zeitgeist gegen den Strich. Workshops, Events und Messen gehen in Szene, ganz auf der Höhe der Zeit präsentieren sich die Produktionen der Wiener Festwochen und das Impulstanz-Festival in den MQ-Hallen.

Zwischen Museumsbesuch und Theater hängt man auf den Enzis oder in den Szenelokalen ab, für eine Runde Boule ist auch noch Zeit. Spirit und Unternehmergeist strahlen auf ganz Neubau aus, das Modeschöpfer und eine quirlige Designer-Szene zum „Kreativbezirk" Wiens gemacht haben.

Schnurstracks in die Moderne

Ein MQ-Vorläufer als Labor der Moderne ist das Gebäude der Secession am Beginn des Wiener Naschmarkts. „Der Zeit ihre Kunst – der Kunst ihre Freiheit", steht in goldenen Lettern über dem Portal. Nach diesem Motto machte sich um 1900 eine neue Generation von Künstlern auf, das träge gewordene Habsburger-Reich in die Moderne zu katapultieren. In ihrem 1898 eröffneten Ausstellungshaus bot die Künstlervereinigung Secession dem Neuen in der Malerei, Architektur und Design eine frühe Bühne. Der Erbauer Joseph Maria Olbrich brachte die Aufbruchsstimmung der Epoche in der Formensprache des Jugendstils zum Ausdruck. Blumige Muster ranken sich die weißen Wände empor, Spiralmuster und vergoldete Ornamente sind zu sehen. Blickfang Nummer 1 ist jedoch die vergoldete Blattwerk-Kuppel, ihr verdankte die Secession ihren Spitznamen „Krauthappel". Gut möglich, dass sich einst ein Naschmarkt-Händler von gegenüber beim Blick auf seine Kohlköpfe dazu inspiriert fühlte.

Malergenie und Bürgerschreck

Erster Präsident der Secession war der Maler Gustav Klimt (1862–1918), der schon bei der Ausstattung der Ringstraßen-Gebäude mit dem Establishment in Konflikt gekommen war. Zu lasziv, zu viel nackte Haut, erregten sich die Sittenwächter über Klimts allegorische Frauendarstellungen. Und was aus dessen Privatleben durchsickerte, entsprach auch nicht eben dem Idealbild eines honorigen Bürgers. Klimt hatte mit mehreren seiner Modelle Kinder, es gab Gefährtinnen und Musen – wer kannte sich da noch aus? Und trotz aller Verstrickungen – oder gerade deswegen – zog es Klimt vor, zeitlebens im „Hotel Mama" zu wohnen. Unsterblich wurde Klimt als Porträtist des jüdischen Großbürgertums. Das berühmteste dieser Gemälde ist die „Goldene Adele" (1907). Adele Bloch-Bauer, Mitte 20, scheint mit dem Hintergrund, einem See von Blattgoldauflagen, angereichert mit Spiralformen und weiteren Ornamenten, beinahe zu verschmelzen. „Mehr Blech als Bloch" spotteten Zeitgenossen. Doch längst gehört die „Goldene Adele" zu jenen Meisterwerken, die weltweit für Wiens atemberaubendes Kunstschaffen um 1900 stehen. 2006 wechselte sie für rund 135 Millionen Dollar den Besitzer – ein Weltrekord.

Geburtswehen der Moderne

Auch in anderen Bereichen raste die Stadt im Eilzugstempo in die Moderne. Arnold Schönberg stellte mit seiner atonalen Musik die etablierten Hörgewohnheiten des Publikums hart auf die Probe. Ein skandalumwitterter Abend 1913 im Musikverein ging als „Watschenkonzert“ in die Annalen ein. Literarischer Tabubrecher des Fin de Siècle war Arthur Schnitzler mit seinen Stücken über unterdrückte Sexualität, Ehebruch und Affären. In der Berggasse 19 legte Sigmund Freud das Fundament für seine Theorie der Psychoanalyse. Die Welt war im Umbruch, diskutiert darüber wurde in Wiens Cafés, wo etwa Theodor Herzl und Leo Trotzki an Entwürfen für eine neue Welt bastelten und wo sich die Wege von Stefan Zweig und Hugo von Hofmannsthal kreuzten.

„Es muss damals in Wien ganz interessant gewesen sein …“

Der Schriftsteller Hermann Bahr (1863–1934) über das Wien um 1900

Die wohl fruchtbarste Epoche der österreichischen Kunstgeschichte fand 1918 ein jähes Ende. Im Jahr, als die Donaumonarchie unterging, starben Gustav Klimt, der Expressionist Egon Schiele, der Architekt Otto Wagner, dessen Bauten Wiens Stadtbild bis heute maßgeblich prägen, und der Allround-Künstler Koloman Moser, Mitgründer der Wiener Werkstätte. Bis zu ihrer Wiederentdeckung dauerte es Jahrzehnte. Heute ist „Wien um 1900“ längst ein kulturelles Gütesiegel. Kein Wunder, dass die vier Schlüsselfiguren der Wiener Moderne 100 Jahre nach ihrem Tod in hochkarätigen Ausstellungen vom Belvedere bis zum Leopold Museum, von der Albertina bis zum MAK wieder in den Fokus rücken.

Klimts „Kuss“ und Canalettos Blick

Über die weltgrößte Sammlung an Klimt-Gemälden verfügt das Museum Belvedere. Der Blick auf „Der Kuss“ im Oberen Belvedere ist ebenso bezaubernd

Hundekuschelpause vor der Karlskirche (oben). Eine Geburtsstätte der Wiener Moderne ist die 1898 erbaute Secession – hier Kulisse des Wien-City-Marathon (unten)

Das Hundertwasserhaus Ecke Kegelgasse/Löwengasse ist eine bis 1985 im Auftrag der Stadt Wien erbaute Wohnhausanlage und nur von außen zu besichtigen

Wiener Secession: Der Beethovenfries ist ein von Gustav Klimt im Jahr 1901 gemalter Bilderzyklus. Er gehört zu den herausragenden Kunstwerken des Wiener Jugendstils

Blick auf das Obere Belvedere: Die Anlage wurde von 1714 bis 1723 durch Johann Lukas von Hildebrandt auf einem leicht ansteigenden Gelände vor den seinerzeit südlichen Toren der Stadt realisiert und umfasst zwei Prunkschlösser samt verbindender Gartenanlage

wie jener von Prinz Eugens Barockschloss hinab auf Wien. Diese Ansicht hielt schon 1758 der venezianische Maler Bernardo Bellotto, Canaletto genannt, fest – und daran entzündet sich seit Jahren eine Kontroverse. Grund ist der von der Stadt genehmigte Plan eines privaten Investoren, am Heumarkt – in der Verlängerung der zentralen Gartenachse des Belvedere – ein Hochhaus zu errichten. Beachtliche 66 Meter Höhe soll es erreichen. Dann würde der neue Wien-Blick in der Mitte auf einen 08/15-Büro- und Wohnturm fallen, der den „Steffl" links davon eher blass aussehen ließe.

Geht gar nicht! Der geplante architektonische Eingriff hat die UNESCO auf den Plan gerufen – sie droht mit der Aberkennung des touristisch bedeutsamen Gütesiegels „Weltkulturerbe" für das „Historische Zentrum von Wien". Nun rauchen die Köpfe. Die Befürworter des Investorenplans meinen, Wiens Innenstadt sei kein Freilichtmuseum, „ein bissl was" dürfte schon genehmigt werden. Wenn dieses Projekt Realität würde, dann wäre das ein Einfallstor für weitere Begehrlichkeiten – so sehen es die Gegner. Für den Besucher heißt das: Den „Canaletto-Blick" auf Wien ausführlich zu würdigen – wer weiß, wie lang es ihn noch unverstellt gibt!

Special

Naschmarkt

Welche Verführung!

Exotische Fische, Gebirge aus Obst und Gemüse, Gewürze aus allen Ecken der Welt – 120 Marktstände und Lokale erstrecken sich vom Getreidemarkt auf der Überwölbung des Wien-Flusses in Richtung Kettenbrückengasse.

Seit Generationen gilt der Naschmarkt als „Bauch von Wien", doch das Bild hat neue Facetten bekommen. Mit Gemüse und Obst ist kaum mehr ein Geschäft zu machen, seit immer mehr Wiener für ihre täglichen Einkäufe Supermärkte aufsuchen. Manche Stände glauben, mit Oliven und Nüssen, getrockneten Früchten und Gewürzsäckchen die Touristen interessieren zu können – darunter leidet die Angebotsvielfalt. Unverkennbar ist die rasante Ausweitung der Naschmarkt-Gastrozone. Zwischen Sushi und Falafel, regionalem Slowfood und guten Fischrestaurants können Wien-Besucher auswählen. Von den Lokalen bietet sich eine erstklassige Sicht auf das Treiben – das freilich hie und da mehr an eine Marktshow erinnert. Wer Unverwechselbares sucht, der wird dennoch fündig. Von Marille bis Spargel reicht das Spektrum von Erwin Gegenbauers Essigspezialitäten, Verkostung jederzeit möglich. Am Samstag feilscht man am Flohmarkt um alte Bücher, Geschirr und Krimskrams, und manchmal findet sich in einer unscheinbaren Kiste auch das ein oder andere originelle Wien-Souvenir.

Das „gabarage" in der Schleifmühlgasse bietet jede Menge Beispiele für das in Wien angesagte upcycling design (oben links und oben rechts)

Es gibt nichts, was es hier nicht gibt: Naschmarkt-Stand von Özyürek (unten links) und Erwins Gegenbauers Essigspezialitäten-Stand (unten rechts)

KAFFEEHÄUSER

Einmal umgerührt

Wiens altehrwürdige Kaffeehauskultur bekommt neue Facetten. So manches Traditionshaus verordnete sich eine Frischzellenkur. Dazu gesellen sich Newcomer mit höchsten Ansprüchen an Kaffee-Genuss.

Marmor-Tischplatten, Thonet-Stühle, gepolsterte Sitzbänke: Wer ein klassisches Wiener Kaffeehaus betritt, taucht in eine Sphäre der Gelassenheit ein. Mag draußen das Leben brausen, hier macht es Pause. Das leise Klirren von Kaffeelöffeln und Silbertabletts, das Rascheln von Zeitungsblättern, unaufdringliches Gemurmel im Hintergrund – all das sind Geräusche, die in der Donaumetropole tiefe Entspannungsreflexe auslösen. Zu einer Tasse Melange oder einem Großen Braunen, vielleicht ergänzt um eine Mehlspeise, entfaltet sich auch ein Stück wienerischen Lebensgefühls. Diesen Umstand kleidete die UNESCO bei der Auszeichnung der Wiener Kaffeehäuser als „immaterielles Kulturerbe" in die Formulierung: Die Kaffeehäuser sind ein Ort, in dem Zeit und Raum konsumiert werden, aber nur der Kaffee auf der Rechnung steht.

Bis ins späte 17. Jahrhundert reicht an der Donau die Kaffee-Tradition zurück. Als intellektuelle Drehscheibe und verlängertes Wohnzimmer aufstrebender Literaten erlebte das Wiener Café an der Wende zum 20. Jahrhundert eine Blütezeit. „Nichts hat so viel zur intellektuellen Beweglichkeit des Österreichers beigetragen, als dass er im Kaffeehaus sich über alle Vorgänge der Welt umfassend orientieren und sie zugleich im freundschaftlichen Kreise diskutieren konnte", schrieb Stefan Zweig, der seine Jugendjahre zwischen „Griensteidl" und „Central" verbrachte.

Das „Café Korb" in der Brandstätte 9 ist erste Wahl, wenn es um Apfelstrudel geht

Von Touristencafés ...

Heute sind Autoren und Künstler rar, die in ihrer Sitznische unter dem Einfluss von viel Koffein bahnbrechende Werke verfassen oder dazu inspiriert werden. Manche Cafés leben aber gut von den Empfehlungen, die ihnen diese literarische Tradition in Wien-Reiseführern eingetragen hat. Etwa das „Café Central" in der Herrengasse – hier trifft man Touristen auf der Suche nach dem Flair der vorvorigen Jahrhundertwende. Ein anderes ist das legendäre „Hawelka" in der Dorotheergasse, wo einst die Wiener Künstler ihre Köpfe zusammensteckten. Trotz Publikumswechsels immer noch eine Empfehlung: die abends servierten Buchteln.

... über Hüter der Tradition ...

Touristen und Einheimische gleichermaßen zieht es in den „Bräunerhof", eine Kaffeehaus-Institution, die sich konsequent der Moderne verweigert. An der Einrichtung hat sich zumindest seit dem Tod des Schriftstellers

Die Kaffee-Profis im „Jonas Reindl" wissen, woher die Bohnen – natürlich in Bio- und Fairtrade-Qualität – stammen. Sie kennen den Röster, der ihre Bohnen veredelt, oder rösten gleich selbst

Das „Cafe Bräunerhof“ bietet sie noch, die Musiknachmittage zum Wochenendkaffee (oben). Traditionell und modern zugleich: „Café Eiles“ (unten)

und „Bräunerhof“-Liebhabers Thomas Bernhard 1989 nichts verändert. „Das typische Wiener Kaffeehaus ... habe ich immer gehasst, weil alles in ihm gegen mich ist. Andererseits fühlte ich mich jahrzehntelang gerade im „Bräunerhof“ ... wie zu Hause“, wird aus einem Werk Bernhards zitiert – auf der Speisekarte!

... bis zum Kaffeehaus 2.0

Andere Wiener Traditionscafés haben sich mit einer Frischzellenkur für jüngeres und urbanes Publikum fit gemacht. So etwa das „Café Eiles“. Hellere Polsterbezüge, neue Böden und moderne Toiletten – mit dezentem Facelifting war der Staub der Jahrzehnte weggeblasen, ohne dass die Authentizität als Kaffeehaus gelitten hätte. Junges und freundliches Personal widerlegt das Klischee vom grantigen Ober. Frischer Wind auch auf der Speisekarte – eine Mischung, an der gleichermaßen Künstler, Politiker, Josefstädter, Studenten und Wien-Touristen Geschmack finden.

In Coffee Bars nur das Beste

Konkurrenz bekommen die Klassiker von den Vertretern der „Specialty Coffee“-Szene, die auch in Wien ein immer größeres Publikum finden. Ein Café des neuen Typs ist das „Jonas Reindl“. Sein Team rückt den Kaffee als Genussmittel ins Zentrum – auch wissend, dass es in manchen etablierten Kaffeehäusern mit der Qualität des namengebenden Getränks nicht immer zum Besten bestellt ist. Sie haben in die besten Espressomaschinen investiert, und sie verstehen sich auf ihr Handwerk, dem kapriziösen Rohstoff das Beste an Geschmack zu entlocken.

Studenten der nahen Uni-Institute, Angestellte auf dem Weg ins Büro, Mütter mit Kleinkindern, Wien-Besucher: Die Lage am Verkehrsknoten Schottentor beschert dem „Reindl“ ein gemischtes Publikum. Auf dem „Brew Menu“ können sich Koffein-Junkies über Tagesspezialitäten schlau machen. Zwischen Sandwiches, Mehlspeisen und Lemon-Tartes bewegt sich das kulinarische Angebot. Und das Ambiente? Laptops haben die Zeitung abgelöst, der Ober mit Frack hat ausgedient, dezente Hintergrundmusik erklingt. Während es in manchen Coffee Bars eher puristisch zugeht, setzt das „Reindl“ mit außergewöhnlichen Industriehockern und Designerstühlen auf zeitgenössisches Ambiente. Aber auch in einem Café der neuen Generation lassen sich ganze Vormittage verbringen ...

Informationen

Café Eiles, Josefstädterstraße 2, 1080 Wien, Tel. 01 405 34 10, www.cafe-eiles.at; Mo.–Fr. 7.00–24.00, Sa. und So. 8.00 bis 24.00 Uhr

Café Bräunerhof, Stallburggasse 2, 1010 Wien, Tel. 01 512 38 93; Mo.–Fr. 8.00–21.00, Sa. 08.00–19.00, So. 10.00–19.00 Uhr, Musik der Bräunerhoftrios Sa., So. und Fei.15.00–18.00 Uhr

Jonas Reindl Coffee, Währingerstraße 2–4, 1090 Wien, www.jonasreindl.at; Mo.–Fr. 7.30–22.00, Sa. 9.30–22.00, So. 10.30 bis 18.00 Uhr

Café Sperl, Gumpendorfer Straße 11, 1060 Wien, Tel. 01 586 41 58, www.cafesperl.at; Mo.–Sa. 7.00–22.00, So. und Fei. 11.00 bis 20.00 Uhr, Juli und Aug. So. geschl.

Café Prückel, Stubenring 24, 1010 Wien, Tel. 01 512 61 15 12, www.prueckel.at; tgl. 8.30–22.00 Uhr

Anzeige

Kriege
gehören ins
Museum®
HGM
HEERESGESCHICHTLICHES MUSEUM
www.hgm.at
www.bundesheer.at
SCHUTZ und HILFE

ALSERGRUND
9
8. JOSEFSTADT
1. INNERE STADT
2. LEOPOLDSTADT
Prater
Volksprater
7. NEUBAU
6. MARIAHILF
4. WIEDEN
5. MARGARETEN
3. LANDSTRASSE
Maßstab 1:21.500
400m
Allgemeines Krankenhaus d. Stadt Wien
Universitäts-Campus
Messezentrum Wien
Wirtschaftsuniversität Wien
Schwarzenberggarten
Botan. Garten der Univ.
Stadtpark
Wien Mitte
Wien Nord
Praterstern
Schottentor
Stephansplatz
Karlsplatz
Volkstheater
Museumsquartier
Westbf.
Südtiroler Pl.
Quartier Belvedere
Schwedenpl.
Rathaus
Stubentor
Taubstummeng.
Kettenbrückengasse
Pilgramg.
Zieglerg.
Neubaug.
Burggasse-Stadthalle
Josefstädter Str.
Alser Str.
Michelbeuern-Allg. Krkhs.
Thaliastr.
Gumpend.Str.
Margareten-Gürtel
Rochusgasse
Kard.-Nagl-Pl.
Schlachthausg.
Renweg
St. Marx
Nestroypl.
Schottenr.
Herreng.
Stadtpark
Messe-Prater
1
2
3
4
5

Zwischen Ringstraße und Gürtel

In den früheren Vorstädten versprühen Szene-, Shopping- und Studentenviertel urban-jugendliches Flair. Kleine Museen rufen große Namen in Erinnerung, Klimt und der Jugendstil regieren allerorten. Touristische Höhepunkte sind der Komplex des Museums Quartiers, die Achse zwischen Karlsplatz und Naschmarkt sowie Schloss Belvedere.

1 Sigmund-Freud-Park

Am Übergang von der Ringstraße in den Bezirk Alsergrund macht die Innenstadthektik einer gelassenen Atmosphäre Platz. Studenten der nahen Universitätsinstitute und Touristen bevölkern die Grünflächen rund um die Votivkirche. Die Cafés an Universitätsstraße und Währinger Straße empfehlen sich für eine Pause und als Ausgangspunkt, die umliegenden Museen zu inspizieren (U2 und Straßenbahnen 1, 2, D, 71, 37, 38, 40, 41, 42, 43 und 44 Schottentor).

SEHENSWERT
Die nach der Errettung Kaiser Franz Josephs 1853 vor einem Mordanschlag errichtete **Votivkirche** (1879 geweiht) ist einer der bedeutendsten neugotischen Sakralbauten Europas. Der 27-jährige Baumeister Heinrich Ferstel empfahl sich damit für höhere Weihen an der Ringstraße (www.votivkirche.at).
Ein Geheimtipp für Wien-Besucher ist etwas stadtauswärts der **Universitäts-Campus,** 1998 auf dem Gelände des ehemaligen **Allgemeinen Krankenhauses (AKH)** entstanden. Die Bänke, Liegewiesen und riesigen Gastgärten des Alten AKH lassen vergessen, dass wenige Schritte weiter das Großstadttreiben anhebt (Alser Straße).

MUSEEN
Der 1784 eröffnete **Narrenturm** in Hof 6 des Alten AKH gilt als weltweit erste Psychiatrische Klinik. Heute sind in den früheren Zellen der „Narren" die makabren Exponate der Pathologisch-Anatomischen Sammlung ausgestellt, die angehenden Ärzten einst Krankheitsbilder wie Syphilis veranschaulichten – im Museumsshop kann man sich mit allem Nötigen für Halloween eindecken (Altes AKH, Hof 6, www.nhm–wien.ac.at/narrenturm; Mi. 10.00–18.00, Do. und Sa. 10.00–13.00 Uhr).
Nordöstl. der Votivkirche lebte und arbeitete Sigmund Freud, der Gründer der Psychoanalyse, von 1891 bis zu seiner Vertreibung 1938. Das **Sigmund Freud Museum** entwirft ein schillerndes Bild des berühmten „Seelenklempners", dem das irrlichternde Wien um 1900 jede Menge Patienten zur Entwicklung seiner Theorie zuführte (Berggasse 19, www.freud-museum.at, tgl. 10.00–18.00 Uhr). Am unteren Ende der Berggasse beginnt das hübsche **Servitenviertel** (s. auch S. 23).

„Radetzkymarsch" und „Donauwalzer" sind Gassenhauer weit über Wien hinaus, im Museum der Johann-Strauss-Dynastie kann man aber alles über die „Sträusse" erfahren – „Walzerkönig" Johann (1825–1899), seinen gleichnamigen Vater (1804–1849) und seine Brüder Josef (1827–1870) und Eduard (1835–1916). Ihre Biographien sind anschaulich mit der Biedermeier- und Ringstraßen-Ära verknüpft (**Strauss Museum,** Müllnergasse 3, www.strauss-museum.at; Mi.–Sa. 14.00–18.00, So. 10.00–13.00 Uhr).
Ein hochbarockes Glanzlicht setzt 400 m nördl. das **Gartenpalais Liechtenstein.** Im prunkvollen Ambiente der Liechtensteinschen Familiensammlung kommen Gemälde von Rubens, van Dyck und Lucas Cranach, wertvolle Möbel, Skulpturen und Tapisserien bestens zur Geltung (Fürstengasse 1, Tel. 01 319 57 67, www.palaisliechtenstein.com; Führungen n. Vereinb.).

2 MuseumsQuartier

Hochkarätige Sammlungen rücken Österreichs Kunstschaffen der vergangenen 120 Jahre in die Auslage, die Wiener Festwochen und das Impulstanz-Festival füllen die Säle, in den Studios und Ateliers ist die kreative Klasse am Schaffen – das **MuseumsQuartier** TOPZIEL auf dem Gelände der früheren kaiserlichen Hofstallungen ist eine der aufregendsten Kulturstätten Wiens. Hier scheint Wien vor Energie zu platzen – dennoch bleibt Platz zur Entspannung (Museumsplatz 1, www.mqw.at; U2 Museumsquartier, U2, U3 und Straßenbahn 49 Volkstheater).

SEHENSWERT
Das von einer 400 m langen Barockfassade zur Stadt hin abgeschirmte **MuseumsQuartier**-Areal zwischen Volkstheater und Mariahilfer Straße ist frei zugänglich. Zwischen historischen Gebäuden aus dem 18. und 19. Jh. und modernen Museumsbauten erstrecken sich Höfe; in Cafés, beispielsweise im „Glacis Beisl" (s. S. 66), auf trendigen Freiluftmöbeln gewinnt man Abstand vom städtischen Trubel.
Weiter westl. lockt das szenige Viertel am **Spittelberg** (zwischen Siebenstern- und Burggasse) mit biedermeierlich geprägten Gassen zu einem Bummel. Rund um Siebensterngasse und Kirchengasse geben Wiener Modemacher und Designer den Ton an (s. auch S. 23).

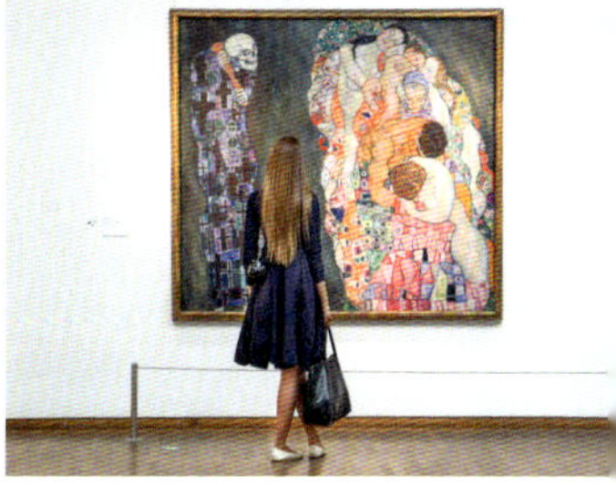

AKH-Campus der Universität (links). Museumsquartier: Café-Restaurant „Corbaci" (rechts oben) und Klimts „Tod und Leben" im Leopold Museum (rechts unten)

MUSEEN
Meisterwerke der österreichischen Moderne, darunter Bilder des frühen Expressionisten Egon Schiele (1890–1918), machen das muschelkalkweiße **Leopold Museum** zum Besuchermagneten im „MQ“ (www.leopoldmuseum.org; Juni–Aug. tgl. 10.00–18.00, Do. 10.00–21.00, sonst Mi.–Mo. 10.00–18.00, Do. 10.00–21.00 Uhr). In Kontrast steht am anderen Ende des zentralen Hofs der dunkle Basaltquader des **Museums Moderner Kunst Stiftung Ludwig Wien** (www.mumok.at; Mo. 14.00–19.00, Di.–So. 10.00–19.00, Do. 10.00–21.00 Uhr).
Auf neue Zugänge zur Kunst spezialisiert ist die **Kunsthalle,** die am Karlsplatz eine Dependance unterhält (www.kunsthallewien.at; tgl. 11.00–19.00, Do. 11.00–21.00 Uhr). Interessante Blicke auf die Baukunst erschließt das **Architekturzentrum** (ww.azw.at; tgl. 10.00 bis 19.00 Uhr). Wohnkultur aus drei Jahrhunderten vermittelt das in einer Seitengasse gelegene **Hofmobiliendepot** (Andreasgasse 7, www.hofmobiliendepot.at; Di.–So. 10.00 bis 18.00 Uhr).
Im **Haydnhaus,** wo Joseph Haydn (1732 bis 1809) von 1797 bis zu seinem Tod lebte und u. a. „Die Schöpfung“ komponierte, erfährt der Besucher von der verbindenden Kraft der Musik (Haydngasse 19, www.wienmuseum.at; Di.–So. 10.00–13.00 und 14.00–18.00 Uhr).

Tipp

Flanieren auf der „Mahü“

Die längste Einkaufsmeile der Donaumetropole bildet die innere Mariahilfer Straße an der Grenze vom 6. zum 7. Bezirk. Große Läden neben kleinen, Einkaufscenter neben Eisgeschäften, Cafés und gemütliche Passagen prägen das Bild auf 1,8 km vom Getreidemarkt bis zum Gürtel. Als die „Mahü“, wie die Wiener sagen, in eine Fußgänger- und Begegnungszone umgewandelt wurde, lief der Handel Sturm, Boulevardpresse und Autofahrer schimpften – die Grünen setzten sich aber durch. Und heute? Shoppt und flaniert es sich auf der Mahü sehr entspannt – Autoverkehr vermisst niemand.

INFORMATION
www.mariahilferstrasse.at;
U3 Museumsquartier, Neubaugasse, Zieglergasse, Bus 13A

3 Karlsplatz

Der Karlsplatz ist ein Mega-Verkehrsknotenpunkt. Entstanden um 1900 durch die Überbauung des Wienflusses, wurde er nach Kaiser Karl VI. benannt. Blickfang ist die barocke Karlskirche, vor der ein Weihnachtsmarkt und Konzerte in Szene gehen (U1 und U4, Straßenbahn, Bus Karlsplatz und Oper).

SEHENSWERT
Während der letzten großen Wiener Pestepidemie 1713 gelobte Kaiser Karl VI., eine Kirche für seinen Namenspatron Karl Borromäus zu bauen, der auch als Pestheiliger gilt. Die **Karlskirche** ist das letzte große Werk des Architekten Johann Bernhard Fischer von Erlach und wurde 1739 vollendet.

MUSEEN
Relikte aus den Türkenkriegen, Stadtmodelle, Glasfenster aus St. Stephan, Klimt-Gemälde – das **Wien Museum** ist das kulturelle Gedächtnis der Stadt (Karlsplatz 8, www.wienmuseum.at; Di.–So. 10.00–18.00 Uhr). Westl. gelangt man zu einer von Otto Wagner entworfenen Station der früheren Stadtbahn, in der das Schaffen des Jugendstil-Baukünstlers dokumentiert wird (April–Okt. Di.–So. 10.00–18.00 Uhr). Im Untergeschoss der **Secession** (1898) setzt Klimts Beethovenfries Glanzlichter, eine Übertragung der 9. Symphonie des Wahlwieners Beethoven in die Sphäre bildender Kunst; darüber hinaus wird zeitgenössisches Kunstschaffen gezeigt (Friedrichstraße 12, www.secession.at; Di.–So. 10.00–18.00 Uhr).

EINKAUFEN UND GENIESSEN
Vom Kunsthappen zum kulinarischen Happen: Schräg gegenüber beginnt Wiens größter und bedeutendster Markt – der **Naschmarkt.** Auf den 700 m bis zur Kettenbrückengasse werden neben Lebensmitteln des täglichen Bedarfs auch Spezereien aus aller Welt verkauft. Riesig ist das Angebot an Gastroständen und Lokalen (Mo.–Sa. 6.00–18.00, Fr. 6.00–19.30 Uhr). Austern, Langusten, Fischplatte – Meeresfrüchte genießt man am besten bei **Umarfisch** (Naschmarkt, Stand 38, Tel. 01 587 04 56, www.umarfisch.at; tgl. 11.00–24.00 Uhr).

Tipp

Auf Schuberts Spuren

Am 31. Jänner 1797 erblickte im „Haus zum roten Krebsen“ der Komponist Franz Schubert das Licht der Welt. In den ehemaligen Wohnräumen der kinderreichen Familie Schubert in Wien-Alsergrund befindet sich heute eine Gedenkstätte. Schubert-Porträts blicken von den Wänden, aus einer Vitrine lugt die „Schubert-Brille“, ein „Markenzeichen“ des 1828 verstorbenen Musikers. Wegen seiner Angewohnheit, gleich nach dem Aufwachen ans Notenschreiben zu gehen, soll er sie auch nachts aufbehalten haben.

INFORMATION
Schuberts Geburtshaus, Nussdorfer Straße 54, www.wienmuseum.at; Mi.–Sa. 13.00–18.00 Uhr

4 Belvedere

Dass sich im Barock nicht nur die Habsburger auf feudale Repräsentation verstanden, zeigt das **Belvedere** TOPZIEL des „Türkenbezwingers“ Prinz Eugen von Savoyen (Oberes Belvedere S-Bahn und Straßenbahnen 1, 18 und O Quartier Belvedere sowie D Schloss Belvedere; Unteres Belvedere Straßenbahn 71 Unteres Belvedere, D und 2 Schwarzenbergplatz).

SEHENSWERT
Die Anlage mit zwei Prunkschlössern wurde 1714–1723 vor den Toren der Stadt realisiert. Heute dient das Belvedere als Heimstatt der Schlüsselwerke österreichischer Kunst – allen voran die größte Gustav-Klimt-Gemäldesamm-

Auf dem Naschmarkt (links oben). Fassadendekoration des Secessions-Gebäudes (links unten). Im Wien Museum (rechts)

lung der Welt. Im **Oberen Belvedere** konnte der in den Türken-Kriegen als Heerführer reich gewordene Prinz Eugen (1663–1736) mit prunkvollem Interieur und einem Traumblick auf die Stadt beeindrucken. Heute präsentieren die Säle ein „Best of" österreichischer Kunst von der Spätgotik bis Mitte des 20. Jh. (Prinz-Eugen-Straße 27, www.belvedere.at; tgl. 9.00 bis 18.00, Fr. 9.00–21.00 Uhr). Das **Untere Belvedere** wird für Sonderausstellungen genutzt; in Groteskensaal und Goldkabinett hallt das Savoir-vivre zu Prinz Eugens Zeiten nach. Drei große Terrassen mit Wasserbassins verbinden die beiden Schlösser; einen Blick wert ist der Alpengarten, ältester Europas, rechts am Hauptzugang zum Oberen Belvedere (bei Schönwetter Ende März–Anf. Aug. tgl. 10.00 bis 18.00 Uhr). Daran schließt der **Botanische Garten** der Universität Wien an (Hauptzugang Rennweg/Praetoriusgasse, www.botanik.univie.ac.at/hbv; ab 10.00 Uhr, Eintritt frei).

5 Arsenal

Das europäische Revolutionsjahr 1848 hatte auch die Habsburger das Fürchten gelehrt – in Wien entstanden festungsartige Kasernen zur Kontrolle der eigenen Bevölkerung, darunter das Arsenal mit etwa 30 mächtigen Backsteinbauten (mit 177 Mio. verbauten Ziegeln). Wo einst Rüstungsgüter erzeugt wurden und Soldaten exerzierten, sind heute u. a. Wohnungen, universitäre Einrichtungen, Probetheaterbühnen und Museen zu finden (U1 Hauptbahnhof, Schnellbahn Quartier Belvedere, Straßenbahnen 18 und O Fasangasse, Straßenbahn D Hauptbahnhof Ost, Bus 69A Arsenal).

MUSEEN

Zwischen 1850 und 1856 entstand als Kernstück des Militärkomplexes das **Heeresgeschichtliche Museum.** Maurisch–byzantinisch und neugotisch sind die vorherrschenden Stilrichtungen. Kriege gehören ins Museum, lautet das Motto des HGM. Ein Museum des Pazifismus ist es aber natürlich nicht. Ausgestellt sind Uniformen, Panzer und Kanonen (www.hgm.at; tgl. 9.00–17.00 Uhr).
Etwas nördlich präsentiert im Schweizergarten das **21er Haus** österreichische Kunst der Gegenwart (www.21erhaus.at; Do., Sa. und So. 11.00–18.00, Mi. und Fr. 11.00–21.00 Uhr); das Museumscafé zählt zu den schönsten Wiens.

UMGEBUNG

Auf dem Alt-Wiener **Friedhof St. Marx** wurde 1791 Wolfgang Amadeus Mozart bestattet; das Mozart-Denkmal kennzeichnet heute nur die ungefähre Stelle seiner letzten Ruhestätte. 1874 zu einem Park umgestaltet, blieben hier die Grabsteine als Spiegel der biedermeierlichen Gesellschaft erhalten – von der „Bürgerlichen Kanalräumersgattin" bis zum „Jubilirten Protocollsdirektor des löblichen Magistrates der kk-Reichs- und Residenzstadt Wien" (Leberstraße 6; ab 6.30 Uhr bis Einbruch der Dunkelheit, Schnellbahn S7 St. Marx, Straßenbahn 71 Litfaßstraße, Bus 74A Grasberggasse).

Genießen Erleben Erfahren

DuMont Aktiv

Auge in Auge mit dem Freskenschatz

Fresken gehören zu den Kunstwerken der Kategorie „schön, aber unnahbar". Weit muss man in der Regel den Kopf in den Nacken legen, um vom himmelstürmenden Bildprogramm etwas mitzubekommen. Mehr als ein paar verschwommene Eindrücke lässt die Distanz aber selten zu. Eine erfreuliche Ausnahme bildet die Wiener Karlskirche. Ein im Zuge der Kirchenrenovierung eingebauter Lift blieb nach Beendigung der Arbeiten stehen, als man erkannte, dass sich damit die Kirchenkasse füllen lässt.

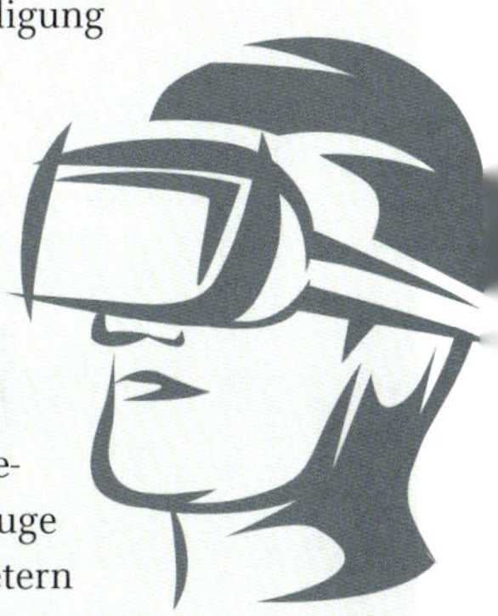

Der Aufzug entführt die Besucher nun in Schaugeschwindigkeit in die Kuppel des Barock-Juwels, wo sich Johann Michael Rottmayr und Kollegen um 1725 ordentlich ausgetobt haben. 32 Meter geht es in die Höhe, dann steigt man weiter auf leicht schwankenden Metall-Treppen und Plattformen weiter nach oben. Auge in Auge mit den Fresken, die auf einer Fläche von 1250 Quadratmetern die Wände schmücken.

Hier wird in leuchtenden Farben gezeigt, wie sich das Himmelstor für den hl. Karl Borromäus öffnet – hallelujah! Dort stürzen mit zornverzerrten Fratzen Luzifer und Co. in den Abgrund. Neu ist die Möglichkeit, mit einer Virtual Reality Brille einmal um die Kirche zu „fliegen" – und das Bildprogramm der flankierenden Säulen erläutert zu bekommen. Real und virtuell gleichermaßen beeindruckend ist der Blick über Wien.

Informationen

Karlskirche, Karlsplatz, www.karlskirche.at; U1, U2 und U4 Karlsplatz, Straßenbahn 62 Kärntner Ring/Oper
Mo.–Sa. 9.00–12.30 und 13.00–18.00, So. und Fei. 12.00–17.45 Uhr; im Erhaltungsbeitrag ist auch die Fahrt mit dem Lift eingeschlossen

Wein, Panoramen – und Schönbrunn

Am Stadtrand präsentiert sich Österreichs Hauptstadt von seiner genussreichen Seite. Die Ausläufer des Wienerwaldes locken mit stimmungsvollen Heurigen und aussichtsreichen Logenplätzen. Und Schloss Schönbrunn, die ehemalige Sommerresidenz der Habsburger im noblen Vorort Hietzing, ist mit seinen Prunkräumen und dem barocken Prachtgarten ein Muss für jeden Wien-Besuch.

Wiens Randbezirke sind von gut ausgeschilderten Stadtwanderwegen durchzogen. Der Stadtwanderweg 1 verläuft am Nussdorfer Heurigen „Wieninger“ vorbei

Als notorischer Frühaufsteher begann Franz Joseph I. in seinem Arbeitszimmer in Schloss Schönbrunn schon um 5.00 Uhr früh Akten zu wälzen. Wer Österreichs größte Touristenattraktion entspannt erleben will, sollte sich diese kaiserliche Eigenschaft deshalb etwas zu Eigen machen. Um 8.00 Uhr früh hält sich der Ansturm auf das barocke Residenzschloss, das Maria Theresia ab 1743 zur zentralen Bühne für die Selbstdarstellung der Habsburger erkor, noch in Grenzen. Die besten Künstler engagierte sie, um ihre Sommerresidenz in weiß-rot-goldenem Rokoko-Glanz erstrahlen zu lassen. Aus jeder Ecke ertönt eine große Hymne auf das Haus Habsburg.

Abgesang auf das Haus Habsburg

40 von 1441 Räumen stehen auf der Grand Tour durch die Habsburger-Ära offen. Ihr Schlusskapitel wurde ebenfalls in Schönbrunn geschrieben. 1830 erblickte Maria Theresias Ur-Ur-Enkel Franz Joseph in Schönbrunn das Licht der Welt; das Zimmer, in dem er 1916, nach 68 Jahren auf dem Thron, die Augen für immer schloss, präsentiert sich schlicht. Zwei Jahre später, am 12. November 1918, unterschrieb sein Nachfolger, Kaiser Karl I., im Blauen

> „Von Schönbrunn gehört Mir das Gloriett und jene Teile des Parkes, die dem Publikum nicht gefallen."
>
> Kaiserin Elisabeth („Sisi") von Österreich

Chinesischen Salon den Verzicht auf die Staatsgeschäfte – und Österreich wurde zur Republik. Aber für das Schloss hob eine neue Erfolgsgeschichte an. Schon 1919 steckten die ersten Neugierigen ihre Nasen in die nun leer stehenden Räumlichkeiten. Der Strom schwoll an, erhielt neue Nahrung, etwa durch die Habs-

Prunkräume im Schloss Schönbrunn: Das gemeinsame Schlafzimmer wurde 1854 für das kaiserliche Paar anlässlich der Vermählung von Kaiser Franz Joseph I. mit Elisabeth („Sisi") von Wittelsbach ausgestattet (oben). In der Großen Galerie lobpreisen seit dem 18. Jahrhundert Fresken die weise Herrschaft der Landesmutter Maria Theresia (unten)

Blick über den 1780 geschaffenen Neptunbrunnen auf das Sommernachtskonzert der Wiener Philharmoniker vor der Parkfront des Schlosses Schönbrunn (oben), das dem Gloriette-Hügel zu Füßen liegt (unten)

Seit 1775 krönt die Gloriette den Schönbrunner Schlosspark. Sie diente Kaiser Franz Joseph I. oftmals als Sommerspeisezimmer und heutzutage als Café mit bester Aussicht auf Park und Schloss

Das Blumenparterre des Schönbrunner Schlossparks dekorieren seit dem 18. Jahrhundert mythologische Marmorskulpturen

Nicht nur zur Blütezeit des Parks, vor allem an nebeligen Wintertagen ist das Palmenhaus eine gute Adresse für Stimmungsaufhellung

Seit 1759 ist der barocke „Kaiserpavillon“ im Zentrum des Tiergartens eine gastliche Stätte

Die perfekt getrimmten Bäume und Hecken der Parkalleen eröffnen immer neue Perspektiven auf „Schönbrunnergelb“

Special

Tiergarten Schönbrunn

Wo sich Pandas wohlfühlen

Manchmal wird die barocke Beschaulichkeit durch Löwengebrüll oder Elefantentrompeten gestört – den Serengeti-Soundtrack steuern die Bewohner des Tiergartens Schönbrunn südwestlich des Schlosses bei. Mit seiner Gründung 1752 ist er der älteste noch bestehende der Welt – und er gilt als einer der vorbildlichen, was Tierhaltung und Artenschutzprogramme angeht. Publikumslieblinge sind auch in Wien die Pandas, die mit ihrer gemütlichen Art bestens zur Stadt passen. Zur Begrüßung von Yang Yang und Long Hui im Jahr 2003 stellten sich die Wiener Sängerknaben mit einem Begrüßungsständchen ein, vielleicht mit ein Faktor, warum sich die beiden Bären aus China auf Anhieb wohl fühlten. Jedenfalls sorgten sie seither vier Mal für Nachwuchs – 2016 waren es sogar Zwillinge. Ähnliche Erfolge durch natürliche Fortpflanzung gab es außerhalb Chinas noch nie. Die tapsige Art

der Pandas und ihre ausführlichen Bambus-Mahlzeiten in unnachahmlich eleganter „Tisch-Manier“ gehören zu den eindrücklichsten Erlebnissen eines Zoo-Besuchs. Gut geht es auch Erdmännchen, Giraffen, Robben und all den anderen tierischen Bewohnern. Nicht von ungefähr staubt der in den letzten Jahrzehnten von Grund auf erneuerte Tiergarten regelmäßig den „Best European Zoo Award“ ab.

burger-Nostalgie, bester Nährboden auch für die „Sissi“-Filme mit Romy Schneider. Heute ist Schloss Schönbrunn mit 3,7 Millionen Besuchern Österreichs Touristenmagnet Nummer 1. Bis zu 11 000 Menschen schieben sich an starken Tagen durch die ehemaligen kaiserlichen Wohn- und Audienzgemächer, nur zu den Tagesrandzeiten hat man die Chance, das Ensemble etwas eindringlicher auf sich wirken zu lassen.

Frühstücken wie der Kaiser

Mehr Platz bietet der Schlosspark, eine der bedeutendsten barocken Gartenanlagen der Welt. Dem Großen Parterre vor dem Palast entlocken die Schönbrunner Gartenkünstler im Frühjahr rauschende Festspiele. Rote, weiße und gelbe Blumen zeichnen zu Tausenden barocke Muster ins Grün. Jogger ziehen ihre Runden durch die gekiesten Alleen mit akkurat getrimmten Bäumen. Vom Neptunbrunnen windet sich ein Zick-Zack-Weg zur Gloriette auf dem Schönbrunner Schlossberg, wo sich Kaiser Franz Joseph gern ein Frühstück gönnte. Am Wochenende wird in dem frühklassizistischen Bau das Sisi-Buffet kredenzt – der Guglhupf mit kandierten Veilchen ist ein besonderes Schmankerl. Oder wie wäre es mit einem Kaffee à la Maria Theresia? Sie nahm ihren Mocca gerne mit Orangenlikör.

Zum Wiener Stadtwanderweg 1 heißt es: Der Aufstieg durch Weinberge und die bewaldete Höhe wird mit einem herrlichen Blick über Wien und die Donau belohnt

Grinzings Buschenschank Obermann: Stolz präsentiert Martin Obermann seinen Weißwein – eine gute Wahl wäre sein Bio-Veltliner

Das „Skyline Restaurant Kahlenberg" ist eine Aussichtsterrasse erster Güte

Mit neuer Bestimmung und immer noch weitem Blick: Riesenradgondel aus dem Prater beim Nussdorfer Heurigen „Sirbu"

Zum Heurigen gehört Schrammelmusik – auch im Weingut Mayer am Grinzinger Pfarrplatz

Wandern mit Wien- und Wein-Blicken

Wien ist eine panoramaträchtige Stadt, und besonders am Übergang zum Wienerwald im Nordwesten mit Aussichtslogen nur so gespickt. Auf dem Stadtwanderweg, der vom Leopoldsberg über den Kahlenberg bis zum Cobenzl führt, lassen sich alle Facetten möglicher Wien-Panoramen auskosten. Am linken Bildrand strömt die Donau in das Wiener Becken. An ihrem rechten Ufer schickt sie einen Ausläufer in den Donaukanal, in die Häuserschluchten. Eine letzte Landmarke, die Hochhäuser der Donau City, wird passiert, dann strebt das silbern glitzernde Band dem Horizont entgegen. Im Vordergrund schweifen die Augen über Weinberge, die für Wiens Landschaftsbild ebenso charakteristisch sind. In Zopfmustern fallen die Rebstöcke hinab in Vororte, die Weinkenner mit der Zunge schnalzen lassen: Sievering, Nussdorf, Grinzing ... Es bleibt nur zu entscheiden, in welcher der schönen Buschenschenken man einkehren soll.

Neue Wege im Weinbau

Als einzige Großstadt der Welt verfügt Wien über einen ökonomisch bedeutsamen Weinbau. Eine neue Generation von Winzern hat um die Jahrtausendwende damit begonnen, die lange Zeit die hauptsächlich als Heurigen ausgeschenkten Weine zu unverwechselbaren Tropfen zu veredeln.

Eine weitere Facette der Wiener Weinkultur: Rund 25 Prozent der Flächen werden biologisch bewirtschaftet, das ist europaweit ein Spitzenwert. Zu den Bio-Pionieren gehört Martin Obermann, der

> „Hast du vom Kahlenberg dir rings das Land besehn, so wirst du, was ich schrieb und was ich bin, verstehn."
>
> Österreichs „Nationaldichter" Franz Grillparzer (1791–1872).

am Rande des Heurigenortes Grinzing ein kleines Weingut mit Buschenschank betreibt. Hier präsentiert sich das Heurigen-Erlebnis unverfälscht. Der Föhrenbuschen über dem Hoftor zeigt an, dass „ausg'steckt" ist, das Lokal geöffnet hat. Oleanderbüsche rahmen den Gastgarten ein, ein Nussbaum spendet Schatten. Der hiesige Bio-Veltliner mundete bereits königlichem Gaumen – nicht schlecht staunte der Winzer, als sich im April 2017 der grün angehauchte britische Thronfolger Prinz Charles ausgerechnet in seinem Kleinbetrieb in die Grundlagen des biologischen Wiener Weinanbaus einweihen ließ.

Der Tod, das muss ein Wiener sein ...

Den Wienern wird ein Hang zum Morbiden nachgesagt, das Liebäugeln mit dem eigenen Tod gehört zu dieser Lebenshaltung ebenso wie einst die Bewunderung für eine „scheene Leich", ein pompöses Begräbnis also mit großer Trauergemeinde. Reichlich Anschauungsunterricht bietet diesbezüglich der Zentralfriedhof im Bezirk Simmering. Mit dem Zentrum ist die Totenstadt durch die Straßenbahnlinie 71 verbunden. Wenn man über einen Wiener zu hören bekommt: „Der hat den 71er genommen", so ist er hier unter der Erde zu finden. Jugendstilbauten, das skurrile Bestattungsmuseum und das Denkmal für jene Menschen, die ihre Körper nach ihrem Ableben der Wissenschaft zur Verfügung gestellt haben, gibt es auf dem Spaziergang durch die Alleen zu entdecken. Es sind jedoch die Ehrengräber der Wiener Künstler und Publikumslieblinge, die Besucher nach Simmering locken. Der Rockmusiker Falco liegt hier begraben, ebenso der 2014 verstorbene Udo Jürgens. Sein Grab unweit von Größen wie Beethoven, Schubert und Brahms schmückt ein Klavier aus weißem Marmor, und Blumen fehlen so gut wie nie.

GENTRIFIZIERUNG

Balkan, Bobos, Bosporus

Das Viertel um den Yppenplatz im Gemeindebezirk Ottakring zählt zu Wiens neuen Trendgegenden – auch unter Wohnungsuchenden. Alteingesessene warnen vor Gentrifizierung.

Rund um den Yppenplatz im 16. Wiener Gemeindebezirk Ottakring zeigt sich Wien von seiner buntesten Seite. Der türkisch geprägte Brunnenmarkt bildet die Lebensader des Viertels; die schillernde Lokalszene am Yppenplatz, wo der Straßenmarkt endet, zieht kreatives, urbanes und auch gut verdienendes Volk an. Einen Block weiter verläuft die Ottakringer Straße, eine beliebte Ausgehmeile der Wiener Jugend mit Wurzeln auf dem Balkan.

Brunnenmarkt mit dem Stand von Ulrich und Saly Wolfger: Hier lässt sich der Geschmackshorizont wunderbar erweitern

Dass sich Menschen verschiedener Kulturen und unterschiedlichster sozialer Herkunft in dem Viertel wohlfühlen, wenn vielleicht auch nur unter ihresgleichen, ist eine der schönsten Seiten der Gegend. Es ist die steigende Popularität als Wohngebiet, die Alteingesessene mit einer großen Portion Skepsis betrachten. Das Schreckgespenst „Gentrifizierung" geht um, die Angst, dass „Gstopfte", also Besserverdiener mit Wohnambitionen, im Brunnenviertel einen Immobilienboom anheizen und eine Verdrängung in Gang kommt.

Tatsache ist: Ottakring, einst ein Arbeiter-, mittlerweile mehr ein Multikulti-Bezirk, liegt bei Miet- und Kaufanfragen schwer im Trend. Zu tun hat dies aber auch mit dem raschen Wachstum Wiens. 1,8 Millionen Menschen leben in der österreichischen Hauptstadt, schon 2022 wird die Bevölkerungszahl die Zwei-Millionen-Marke überschreiten. Die Wohnraumschaffung hinkt der Nachfrage schon lange hinterher. Zwischen der Ringstraße, die den ersten Bezirk umschließt, und dem Gürtel, der sich wie ein zweiter Ring um die inneren Bezirke legt, wollen viele Wiener wohnen. Der innerstädtische Wohnraum ist aber erstens rar und zweitens selbst für junge Besserverdienende schon heute kaum zu bezahlen.

So geraten auch außerhalb des Gürtels Adressen mit Hip- und Charmefaktor ins Blickfeld – etwa die Straßenzüge rund um Brunnenmarkt und Yppenplatz. Kräne und Baugerüste künden von reger Aktivität. Hier wird ein Gründerzeithaus saniert und bekommt ein Dachgeschoss aufgesetzt, das guten Gewinn abwirft. Dort klafft eine Baulücke – wo neu gebaut wird, hat Wiens Mietpreisbremse für Altbauten bald keine Gültigkeit mehr. Die Immobilienpreise haben angezogen. Wer neu in die Gegend will, findet, anders als noch vor wenigen Jahren, keine Schnäppchen mehr.

Brunnengasse und Yppenplatz: Auf dem Brunnenmarkt ist Platz für alles, für verführerisch leuchtendes Obst und Gemüse bis hin zu bunter Kleidung

Der Streit ist programmiert

In der Bewertung scheiden sich die Geister. Die einen sprechen von natürlichen Aufwertungsprozessen, die der alten Wohnsubstanz bessere Seiten entlockt. Für die anderen ist die Gentrifizierung, wie sie am Karmelitermarkt in der Leopoldstadt oder in Neubau zu beobachten ist, längst Realität. Beide gelten als „Bobostan" – als Viertel, wo zugezogene „bourgeoise Bohemiens" den Lebensstil verändert und die Preise angehoben haben. Zustände wie in London oder New York, wo allein das Diktat des Wohnungsmarktes zu einer Verdrängung sozial Schwacher führt, sind in Wien kaum vorstellbar. Denn es gibt neben gedeckelten Altbaumieten auch 220 000 Wohnungen im Besitz der Stadt, die Druck aus dem Markt nehmen.

Wohin die Reise geht? Ansichtssache. Aber für jeden, der über den Brunnenmarkt schlendert oder, Samstag abends, über die „Balkan-Meile" Ottakringer Straße, sieht: Die Gegend ist längst nicht so glatt poliert wie jenseits des Gürtels im hippen Bezirk Neubau. Sie hat mehr vom herben Charme des nahen Gürtels, der seit eh und je eine Grenze zwischen schick und weniger schick darstellt.

Informationen

Zu erreichen mit der U6 Thaliastraße oder Josefstädter Straße sowie den Straßenbahnlinien 2, 5, 44 und 46

DEUTSCH-WAGRAM
Maßstab 1:200.000
FLORIDSDORF
DONAUFELD
DÖBLING
HERNALS
DONAUSTADT
WIEN
GROSS-ENZERSDORF
PENZING
HIETZING
SIMMERING
FAVORITEN
LIESING
Perchtoldsdorf
Vösendorf
SCHWECHAT
Brunn
Leopoldsdorf im Marchfelde
Aderklaa
Parbasdorf
Markgrafneusiedl
Großhofen
Glinzendorf
Raasdorf
Essling
Aspern
Kagran
Stadlau
Zwölfaxing
Flughafen Wien (Schwechat)
Mannsworth
Rannersdorf
Kledering
Oberlaa
Kalksburg
Mauer
Atzgersdorf
Inzersdorf
Rustenfeld
Oberlisse
Strebersdorf
Großjedlersdorf
Leopoldau
Hirschstetten
Süßenbrunn
Breitenlee
Neuessling
Pysdorf
Thavonhof
Hutzendorf
Neuhof
Neubeherhausen
Franzensdorf
Oberhausen
Schloss Sachsengang
Probstdorf
Matzneusiedl
Mannsdorf an der Donau
Schönau an der Donau
Mühlleiten
Andlersdorf
Haslau-Maria Ellend
Aichhof
Untermauerbach
Hadersdorf
Auhof
Hütteldorf
Lainzer Tiergarten
Laab im Walde
Dreimarkstein
Neuwaldegg
Grinzing
Nussdorf
Weidling
Kahlenberg
Leopoldsberg
Haselbach
Kierling

RUDOLFSHEIM-
FÜNFHAUS
6. MARIAHILF
Penzing
Hütteldorfer Straße
Felberstraße
Linzer Straße
Mariahilfer Straße
Westbf.
Westbahn
Breitensee
Johnstr.
Schweglerstr.
Hütteldf. Str.
Gumpend. Str.
Margareten-Gürtel
Längenfeld-g.
Meidl. Hauptstr.
Niederhofstr.
Meidling
Philadelphiabr.
Schedifka-pl.
Hietzing
Schönbrunn
Schloss Schönbrunn
Schlosspark
Palmenhaus
Tiergarten
Schönbrunn
Botanischer Garten
Tiroler Garten
Maxing-park
Hietzing Friedhof
Gloriette
Römische Ruine
Obelisk
Neptun-gruppe
Fasan-garten
Maria-Theresien-Kaserne
Tivoli
12. MEIDLING
Auer-Welsbach-Park
Technisches Museum
Schönbrunner Straße
Wienerberg-straße
Altmannsdorfer Straße
Grünbergstraße
Gaudenzdorfer Gürtel
Haydn-park
Am Fuchsenfeld
Steinbauer-park
Wilhelmsdorfer Park
Kerschensteinergasse
Kundratstraße
Frachtenbf. Matzleinsdorf
Ziegler g.
Pilgram g.
Maßstab 1:21.500
400m
10.
1=Schroederweg
2=Krügerweg
3=Ludwig-Martinelli-Gasse
4=Gottslebengasse
5=Betty-Roose-Weg
6=Arnsburggasse
7=Pechegasse
8=Meixnerweg
9=Lucasweg
10=Wildauergasse
1=Meinhartsdorfer Gasse
2=Karl-Walther-Gasse
3=Meraviglia gasse
4=Mozgasse
5=Graumanngasse
6=Nymphengasse
7=Franz-Emerich-Gasse
8=Rosnergasse
9=Teichackerg.
10=Spießhammerg.
11=Pinaglgasse
12=Rottmayrgasse
13=Hanauskagasse
14=Morathgasse
49=Sonnenuhrg.
14=Anilingasse
50=Haydng.
51=Brauerg.
52=Münzwardeing.

Erkundungen am Stadtrand

Mindestens einen halben Tag sollten sich Wien-Besucher für Schloss Schönbrunn reservieren, seit 1996 auf der Liste der UNESCO-Welterbestätten. Auch die Heurigen und Aussichtslogen an den Abhängen des Wienerwaldes verdienen einen Abstecher.

1 Kahlenberg

Der **Kahlenberg** TOPZIEL ist eine der schönsten Aussichtslogen der Stadt. Zum Blickfang macht die Erhebung im Norden Wiens ein 165 m hoher Sendemast in Rot-Weiß-Rot (Bus Linie 38A ab Wien-Heiligenstadt).

SEHENSWERT

Die barocke **Josefskirche** (1734) ruft einen Schlüsselmoment der Stadtgeschichte in Erinnerung. Im Sept. 1683 sprengte das Heer des Polenkönigs Jan III. Sobieski vom Kahlenberg aus die Linien der Osmanen und beendete so die zweite Türkenbelagerung Wiens. Zeichnungen, Bilder und Gedenktafeln erinnern an die historische Schlacht. Der herrliche Blick über die Weinberge auf Donau, Prater und Stephansdom kann man von einer Aussichtsterrasse, von Cafés oder im €€ **Skyline Restaurant** genießen (www.kahlenberg.wien; tgl. ab 11.00 Uhr). Ein Abstecher führt zum höchsten Punkt (484 m) des Kahlenbergs mit dem Aussichtsturm Stefaniewarte.

AKTIVITÄTEN

Unterhalb der Kahlenberg-Aussichtsterrasse windet sich ein Spazierweg hinab nach **Nussdorf.** Einige der schönsten Heurigen der Stadt – u. a. „Sirbu“ und „Wieninger“ (www.sirbu.at, http://heuriger-wieninger.at) – locken zu einem Abstecher in die **Weinberge.** Für ein Picknick ist die Himmel-Wiese eine hervorragende Wahl – mit Bio-Weinen aus den Rieden nebenan (Himmelstraße/Höhenstraße, www.himmel.at).

Tipp

Tarzan in Wien

Am Waldweg zum westlich gelegenen Leopoldsberg ist man auf kleine und große Abenteurer eingerichtet. Kreuz und quer ziehen sich Seilbrücken, Seilrutschen und wackelige Netze des Kahlenberger Waldseilparks durch das Gehölz – Tarzan hätte seine Freude.

INFORMATION

Waldseilpark Kahlenberg, Josefsdorf 47, www.waldseilpark-kahlenberg.at; Juni bis Sept. 10.00–19.00/20.00 Uhr, sonst kürzer bzw. geschl.

Karl-Marx-Hof in Heiligenstadt (links). Im Waldseilpark Kahlenberg (rechts oben). Blick auf Kahlenbergerdorf an der Donau (rechts unten)

2 Heiligenstadt

Stolze Gemeindebauten aus der Ära des „Roten Wien“, feudale Villen und die Grinzinger Heurigenkultur – all das bringt der nördliche Gemeindebezirk Döbling unter einen Hut. Ausgangspunkt ist die U-Bahn- und Schnellbahnstation Heiligenstadt (U4 Heiligenstadt, Schnellbahn S40 und S 45, Straßenbahn D, Busse 10A, 11A, 38A und 39A).

SEHENSWERT

Gegenüber dem Stationsausgang erstreckt sich der monumentale **Karl Marx-Hof,** mit 1100 m Länge ein Leuchtturm des „Roten Wien“ der Zwischenkriegszeit. Der Gemeindebau bot ab 1933 rund 5000 Menschen aus Wiens riesiger Arbeiterschaft eine komfortable Unterkunft. Wie in einer Stadt in der Stadt fanden sich in dem „Superblock“ alle Einrichtungen von Kindergarten bis Wäscherei. Die Wohnanlage war ein Brennpunkt im Bürgerkrieg 1934 zwischen den Austrofaschisten und den linken Schutzbündlern.

MUSEEN

„Das Rote Wien im Waschsalon Karl-Marx-Hof“ – unter diesem etwas sperrigen Titel liefert ein Museum **(Waschsalon Nr. 2, Karl-Marx-Hof)** den Hintergrund zu dem groß angelegten gesellschaftlichen Experiment in den 1920er- und 1930er-Jahren. 1919 eroberten die Sozialdemokraten die Macht in der Stadt. Bürgermeister richteten Gesundheits-, Bildungs- und Wohnungspolitik nach den Bedürfnissen der proletarischen Bevölkerung aus. 64 000 Wohnungen wurden aus dem Boden gestampft. Jedes Wiener Kind bekam ein Gratis-Wäschepaket für den Start ins Leben, und 1931 richtete das stolze Wien sogar die „Arbeiterolympiade“ aus (Halteraugasse 7, www.dasrotewien-waschsalon.at; Do. 13.00–18.00, So. 12.00–16.00 Uhr). **Ludwig van Beethoven** (1770–1827) zog es nach Heiligenstadt, weil er sich im dortigen Heilbad Heilung von seiner allmählichen Ertaubung erhoffte. In seiner Wohnung dokumentiert das Wien Museum Leben und Werke des Komponisten aus Bonn (Probusgasse 6, www.wienmuseum.at; Di.–So. 10.00–13.00 und 14.00 bis 18.00 Uhr, Bus 38A Station Armbrustergasse).

UMGEBUNG

Darf's noch ein Glaserl sein? Das weiter stadtauswärts gelegene **Grinzing** mit seinen Heurigenlokalen ein touristisches Aushängeschild Wiens. Das Ensemble aus alten Winzergebäuden und mondänen Villen lohnt trotz vieler Autos in den Gassen eine Erkundung zu Fuß. Ausgangspunkt ist die Haltestelle Grinzing (Bus 38A, Straßenbahn 38). Das Angebot an Heurigenlokalen ist groß – wer eine unverfälschte Buschenschank sucht, wird hinter der Feuerwache Grinzing im € **Bioweinbau Obermann** fündig (Cobenzlgasse 192, www.weinbau obermann.at; Mai–Sept. Mi.–So. ab 16.00, Okt. Fr.–So. ab 16.00 Uhr).

3 Yppenplatz

Rund um den Yppenplatz im Bezirk Ottakring präsentiert sich Wien von der Multikulti-Seite. Zum südländischen Flair gesellt sich eine Lokalszene, die für jeden Geschmack etwas bietet.

SEHENSWERT
Türkische Gemüsehändler, afrikanische Fleischer und österreichische Marmeladenhersteller bringen auf dem größten Straßenmarkt Österreichs ihre Waren unters Volk. Am Samstag legt das Geschehen auf dem **Brunnenmarkt** noch etwas zu, wenn rund um die Marktpavillons am Yppenplatz bäuerliche Direktvermarkter und Bio-Betriebe Brote, Blumen, Fische und weitere Spezialitäten aufschichten (Brunnengasse zwischen Thaliastraße und Yppenplatz; Mo.–Sa. ab 8.00 Uhr, U6 Josefstädter Straße, Straßenbahn 46 Brunnengasse, 44 Yppengasse).

Tipp

Wienerwald und Steirer-Küche

Mit seinem Mosaik an Wiesen und Wäldchen bietet der Pötzleinsdorfer Schlosspark einen bezaubernden Einstieg in den Wienerwald. Ein Tempel im griechischen Stil und exotische Gewächse erinnern an die Frühzeit des im 19. Jh. englisch gestalteten Landschaftsparks. Abenteuer-Spielplatz und Tiergehege machen den „Pötzi-Park" für die Kleinen attraktiv. Am Ende der Wanderung werden im „Steirerstöckl" Spezialitäten wie Wildschweinbraten in Kürbiskernpanier aufgetischt.

INFORMATION
Park tgl. ab 7.00/8.00 Uhr
Wirtshaus Steirerstöckl, Pötzleinsdorferstraße 127, www.steirerstoeckl.at; Mi.–So. 11.30–24.00 Uhr, Straßenbahn 41 Endstation

RESTAURANTS
Die Gastronomiezene am Yppenplatz zählt zu den aufregendsten der Stadt – fast jeden Monat eröffnet ein neues Lokal. Immer gut für ein Frühstück oder eine Kaffeepause: das € **Café AnDo** mit großem Outdoor-Bereich und überdachter Terrasse für kühlere Tage. Von der Dachterrasse des € **Wirr** haben Gäste das bunte Markttreiben gut im Blick. Für seine italienische Küche ist das €€ **Restaurant Wetter** bekannt.

Prunkkutsche in der Kaiserlichen Wagenburg (links). Auf dem Zentralfriedhof (rechts oben). Stadtseite von Schönbrunn (rechts unten)

AUSGEHEN
Einige Querstraßen östl. wogt am Gürtel, Wiens wichtigster Nord-Süd-Verkehrsader, rund um die Uhr der Verkehr. Die in den Bögen der ehemaligen Stadtbahn zwischen Thaliastraße und Ottakringer Straße angesiedelten Clubs **Chelsea, Rhiz** und **B72** ziehen Nachtschwärmer an. Wiener Platzhirsch in Sachen Bier ist die etwas stadtauswärts gelegene **Ottakringer Brauerei** – hier wird u. a. das „16er Blech" erzeugt, Bier aus dem 16. Bezirk in der Alu-Dose (Johann Nepomuk Berger-Platz, www.ottakringer brauerei.at; Straßenbahnen 2, 9, 44 und 46).

4 Zentralfriedhof

Der 1874 eröffnete **Wiener Zentralfriedhof** gehört mit 330 000 Grabstellen zu den größten Friedhofsanlagen Europas und ist eine Sehenswürdigkeit. Bester Ausgangspunkt für einen Rundgang ist Tor 2 – von hier führt eine Allee zur Friedhofskirche (1911), gestaltet von Max Hegele im reinsten Jugendstil (Simmeringer Hauptstraße 234, www.friedhoefewien.at; tgl. ab 7.00/8.00 Uhr, Fiaker-Fahrten ab 10.00 Uhr, Straßenbahn 71 ab Ringstraße). Sparsarg, Herzstichmesser und weitere Kuriosa zeigt das **Bestattungsmuseum** (www.bestattungs museum.at; März–Okt. Mo.–Sa. 9.00–16.30 Uhr, sonst Sa. und So. geschl.).

5 Schönbrunn

Unter Maria Theresia (reg. 1740–1780) erlebte **Schloss Schönbrunn** **TOPZIEL** seine erste, unter Franz Joseph I. (reg. 1848–1916) seine letzte Blüte. Das Ensemble mit mehr als 1400 Räumen präsentiert sich nach Millioneninvestitionen erstklassig – rechtzeitig für 2018, wenn sich der Untergang der Donaumonarchie zum 100. Mal jährt. Mit Online-Ticket ist man schneller im Geschehen (Schönbrunner Schlossstraße, www.schoenbrunn.at und www.imperial-austria.at; tgl. 8.00–16.30/17.00/18.00 Uhr nach Jahreszeit, U4 Schönbrunn, Straßenbahnen 10 und 60, Bus 10A).

SEHENSWERT
Knapp hundert Jahre nach Erwerb durch die Habsburger entstand auf dem Areal 1642 ein erstes **Lustschloss.** Unter Maria Theresia erfolgte ab 1743 die Umgestaltung zu einer der eindrucksvollsten Barockanlagen Europas. Einen guten Überblick verschafft die **Grand Tour** (1 Std.) durch 40 der eindrucksvollsten Räume; die Zimmerfluchten aus Maria Theresias Zeit prägen opulente Fresken, verschnörkelte Stuckdecken, venezianische Spiegel und luxuriöse Möbel im Rokoko-Stil (Audioguide empfehlenswert).
Auf der Südseite des Schlosses erweitert der streng symmetrische **Schlosspark** (fertiggestellt um 1780) den kaiserlichen Herrschaftsraum in die Natur hinaus. Alleen mit perfekt getrimmten Bäumen und Hecken geleiten die Spaziergänger zu immer neuen Perspektiven auf den Palast. Die im „Schönbrunnergelb" gehaltenen Fassaden spiegeln sich auch im Wasser kunstvoller Brunnenanlagen. Statuen,

„Der Tod, das muss ein Wiener sein ...
Denn wer bringt dich pünktlich zur Himmelstür,
da hat nur a Wiener das Gspür dafür ..."

Georg Kreisler in „Der Tod, das muss a Wiener sein ..."

Denkmäler und eine künstliche Ruine stellen Bezüge zur Antike her (tgl. ab 6.30 bis max. 21.00 Uhr im Sommer, Hunde nicht erlaubt). Für Sonderattraktionen wie den kunstvoll bepflanzten Kronprinzengarten, den Irrgarten und den Orangeriegarten (jeweils Mitte März–Anf. Nov.) ist Eintritt zu entrichten. Wem die Füße wehtun, kann sich im Fiaker durch den 1,6 km² großen Schlosspark kutschieren lassen (Standplatz vor dem Schloss).

Höchster Punkt der Anlage ist die **Gloriette,** eine 1775 erbauten Säulenhalle mit verglastem Mittelteil. Zu Melange und Mehlspeise kann man das Panorama auf die Habsburger-Residenz und den Westen Wiens genießen bzw. von der Aussichtsterrasse (kostenpflichtig) sogar noch verfeinern (**€€ Cafe Gloriette**, www.gloriette-cafe.at; tgl. ab 9.00 Uhr).

Westl. des Schlosses präsentiert die **Kaiserliche Wagenburg** den Fuhrpark der Habsburger. Der „Sisi-Pfad" zeichnet den Lebensweg der prominenten Schönbrunn-Bewohnerin Kaiserin Elisabeth nach (www.kaiserliche-wagenburg.at; März–Nov. tgl. 9.00–17.00, Dez. tgl. 10.00–16.00 Uhr).

TIERGARTEN SCHÖNBRUNN

Der Tiergarten Schönbrunn bietet seinen Bewohnern viel Platz und gute Lebensbedingungen – wovon auch Serienauszeichnungen als bester Zoo Europas künden. Am Tiroler Hof sind vom Aussterben bedrohte Haustierrassen untergekommen (www.zoovienna.at; tgl. ab 9.00 Uhr, auch Sonderführungen, U4 Hietzing und Hietzinger Tor).

Die Stahl-Glas-Konstruktion des **Palmenhauses** beherbergt in drei Klimazonen mediterrane, tropische und subtropische Pflanzen und war 1882 das größte seiner Art auf dem Kontinent (tgl. ab 9.30 Uhr). Gegenüber entführt das **Wüstenhaus** in die trockensten Zonen des Planeten; in seinen Terrarien tummeln sich Klapperschlangen und Wüstenspringmäuse.

VERANSTALTUNGEN

Reinste Poesie verströmen die Aufführungen des **Marionettentheaters** im Hofratstrakt. Mehrmals die Woche wird Mozarts „Die Zauberflöte" gegeben, auch in einer Kinderversion. Historische Musikaufnahmen begleiten den Tanz der Puppen (www.marionettentheater.at). In der Orangerie bringt das **Schloss Schönbrunn Orchester** allabendlich Werke von Mozart und Strauss zur Aufführung (300 m links vom Haupteingang des Schlosses; Beginn 20.30 Uhr). Zum **Schönbrunner Sommernachtskonzert** der Wiener Philharmoniker Ende Mai strömen bis zu 100 000 Besucher bei freiem Eintritt in den Schlosspark.

UMGEBUNG

Wenn der Kaiser Bahn fuhr, dann in einem standesgemäß ausgestatteten Salonwagen. Einer davon ist im **Technischen Museum** ausgestellt, das nordöstlich von Schönbrunn die Geschichte des Industriezeitalters erzählt (Mariahilfer Straße 212, www.technisches museum.at; Mo.–Fr. 9.00–18.00, Sa., So. und Fei. 10.00–18.00 Uhr, Straßenbahn 10, Bus 10A).

Genießen Erleben Erfahren

DuMont Aktiv

Auf Tauchstation

Schmerzende Füße? Ausgepowert?

Zwischen Sightseeing, Shopping und Szenelokal müssen auch mal Ruhepausen eingelegt werden – nirgendwo besser als in der Therme Wien. Hier sprudelt und gluckert es aus Unterwasserdüsen, dort schwebt man schwerelos im Solebecken und wird mit Liquid-Sound-Klängen beschallt. Im Dampfbad ein paar Schritte weiter steigen Kräuteraromen in die Nase.

Schon den Römern waren die Schwefel-Heilquellen bekannt, die im Süden der Stadt an der sogenannten „Thermenlinie" entspringen – jener geologischen Bruchlinie zwischen Alpenausläufern und Wiener Becken, die auch in Baden und Bad Vöslau heilsames Wasser an die Oberfläche sprudeln lässt. Das zwischen 27 und 36 Grad Celsius warme Wasser wird in mehr als zwei Dutzend Indoor- und Outdoor-Becken geleitet. Das Badevergnügen ergänzen ein Saunabereich mit Erlebnisaufgüssen, Beauty-Angebote, Massagen sowie exotische Wellness-Treatments. Über ein moderneres Erholungsangebot verfügt keine europäische Metropole.

Seit Herbst 2017 ist die Entspannungsoase im 10. Gemeindebezirk Favoriten sogar bequem mit der U-Bahn erreichbar. Für Kurzentschlossene gibt es einen Badetuch-Leihservice und günstige Abendtickets. Gut erholt? Nun darf man sich zum Abschluss auch belohnen, etwa in der „Kurkonditorei Oberlaa", oder einen Spaziergang im malerischen Kurpark Oberlaa unternehmen.

Informationen

Therme Wien, Kurbadstraße 14, 1100 Wien, www.thermewien.at; Mo.–Sa. 9.00–22.00, So. und Fei. 8.00–22.00 Uhr, U1 Station Oberlaa/ Therme Wien (15 Min. Fahrzeit vom Stephansplatz)

Raus aufs Land!

Wer ein bisschen mehr Zeit hat oder schon öfter in Wien war, kann mit Ausflügen in die Umgebung neue Facetten rund um die Millionenstadt kennenlernen. Kunst- und geschichtsträchtige Klöster, malerische Kur-Städtchen, der Nationalpark Donau-Auen und der Wienerwald – sie alle spielten und spielen eine wichtige Rolle für Wien.

Umgeben von ursprünglicher Natur:
Kanutour in den Donau-Seitenarmen von Stopfenreuth

Blick vom Leopoldsberg: Stift Klosterneuburg

„Ich hätte mein Leben nicht geglaubt, dass ich so faul sein könnte, wie ich es hier bin."

Ludwig van Beethoven über Baden

Ludwig van Beethoven plagten allerlei Zipperlein, und er suchte nach neuen Quellen der Inspiration – das waren zwei Gründe, warum der Komponist im Sommer regelmäßig nach Baden aufbrach. Der dritte: Alles was um 1800 Rang und Namen hatte, war bereits dort. Kaiser Franz I. hatte das Städtchen gut 30 Kilometer südlich von Wien zu seinem sommerlichen Lebensmittelpunkt erkoren, weil er die dortigen Heilquellen schätzte. Dem Monarchen folgten Adelige und Adabeis, Intellektuelle und Industrielle, Kurschatten und Künstler. Sie verbanden das Angenehme mit dem Nützlichen, zwischen Walzer-Konzerten und Weinwanderungen kam das süße Leben nicht zu kurz.

Auf das hatte es der Tonmeister nicht unbedingt abgesehen. Schlüsselpassagen der 9. Symphonie mit der berühmten „Ode an die Freude" flossen Beethoven 1823 in Baden aus der Feder, weswegen sich das 26 000 Einwohner zählende Städtchen auch mit dem Beinamen „Stadt der Europahymne"schmückt. Hier erinnert ein Denkmal, dort ein Tempel an den Komponisten, der viele Sommer im südlichen Wienerwald verbrachte. Auf einer Tafel am Beethoven-Spazierweg findet sich das Zitat: „Ist es doch, als ob jeder Baum zu mir spräche auf dem Lande, heilig, heilig, im Walde entzücken!" Vielleicht konnte Beethoven die Eingebung ja nur in dieser Umgebung kommen? Die Lobeshymne auf Bruder Baum passt jedenfalls zum Zeitgeist der Romantik, als die Natur auf eine neue Weise wahrgenommen wurde. Von Franz Schubert heißt es, ihn habe ein Gasthaus-Idyll mit Lindenbaum in Hinterbrühl zum Lied „Am Brunnen vor dem Tore" inspiriert. Malern wie Ferdinand Georg Waldmüller führten Weinberge und Wäldchen den Pinsel zum Biedermeier-Idyll – Anregungen, wohin man blickt.

Biedermeier-Städtchen reloaded

Ein Biedermeier-Zeitgenosse würde sich zwischen Badener Stadttheater und Kurpark, Rosengarten und dem romantischen Wegerl ins Helenental noch leicht zurechtfinden. Doch Patina allein zieht nicht mehr, und so findet manches aus der goldenen Ära eine kongeniale Neuinterpretation – etwa in der Bäderkultur. Die Badeanstalten von einzigartigem Retro-Charme, die sowohl Baden als auch das nahe Bad Vöslau auszeichnen, frequentieren Wiener auch heute noch gerne. Und hinter manch klassizistischer Fassade tut sich Unerwartetes auf – so ist etwa das einstige Frauenbad zur musealen Heimstätte für den modernen Malerfürsten Arnulf Rainer geworden.

Stift Heiligenkreuz: Den Inneren Stiftshof prägen Bauten aus der Romanik – die Westfassade der Stiftskirche beispielsweise – und dem Barock wie die 1739 errichtete Dreifaltigkeitssäule

Seit 1616 bewahrt die Schatzkammer des Stiftes Klosterneuburg den mit Gold, Emaille, Edelsteinen, Perlen, Samt und Hermelin besetzen Erzherzogshut. Nur zur Amtseinführung eines neuen Erzherzogs diente er als absolutes Herrschaftszeichen

Klosterneuburg: Im Inneren hat sich der ursprünglich mittelalterliche Charakter der Klosterkirche zu einer barocken Prachtkirche des 17. und 18. Jahrhunderts gewandelt

Die Hermesvilla im Lainzer Tiergarten verdankt ihren Namen der Hermes-Statue in ihrem Park. Die Villa war einst Refugium der Kaiserin „Sisi“, um der höfischen Enge zu entgehen

1926 kamen die ersten Badegäste in das heutige Bad Vöslauer Thermalbad. Der hiesige Kurbetrieb ist allerdings noch 100 Jahre älter

Nationalpark Donau-Auen: Kanutour in den Donau-Seitenarmen von Stopfenreuth

Gumpoldskirchens Alte Weinpresse steht in Sichtweite der Pfarrkirche St. Michael, die seit dem 14. Jahrhundert den bekannten Weinort und sein früheres Deutschordensschloss überragt

Wenn Mönche Hitparaden stürmen

Zehn Jahre ist es her, da kannte die Musikwelt kein anderes Thema als den Sensationserfolg der Zisterzienser-Mönche von Heiligenkreuz. Aus dem 900 Jahre zurückreichenden geistlichen Zentrum des Wienerwaldes kam eine Form von Spiritualität, die auch Menschen von heute ansprach: Gregorianische Choräle. Mehr als eine Million Mal verkaufte sich ihr Erstling „Chant – Music for Paradise". Die Medien zogen bald wieder ab, aber die Zisterzienser nutzten den Schwung. Heute ist Heiligenkreuz wohl die einzige Abtei Westeuropas ohne Nachwuchssorgen – mehr als 100 Mönche umfasst die Gemeinschaft. „Höchststand seit der Türkenbelagerung 1683!", heißt es auf der Internetpräsentation. Zu einem lohnenden Ziel wird das Stift durch seine Kunstschätze. Wenn die Mönche dann in der Abteikirche ihre meditativen Chorgebete anstimmen, wird die Zeitreise zurück ins Mittelalter perfekt.

Kultur- und Weinschätze

Der Welt zugewandt präsentiert sich auch Stift Klosterneuburg. Die Babenberger machten das Städtchen vor rund 900 Jahren zu ihrer Residenzstadt, und auch ihre Nachfolger auf Österreichs Herrscherthron, die Habsburger, hegten große Pläne für Klosterneuburg. Unter Kaiser Karl VI. begannen die Bauarbeiten für einen „österreichischen Escorial", um die Funktionen von Kloster und Herrscherpalast in sich zu vereinigen. Mit seinem Tod 1740 wurde das Vorhaben ad acta gelegt. Als Konstante über die Jahrhunderte sollten sich die im Jahr 1133 ins Land geholten Augustiner-Chorherren erweisen. Ihre sakralen und weltlichen Kunstschätze präsentieren sie spannender als so manches Wiener Museum. Mit ihrer Sammlung an moderner Kunst vollzogen sie einen Brückenschlag in die Gegenwart. Wo sich Himmel und Erde begegnen – so der Werbeslogan des Klosters – dort gedeiht seit jeher auch der Wein prächtig. Die Mönche bewirtschaften das älteste Weingut Österreichs

Gumpoldskirchens Rebvergangenheit reicht bis weit ins Mittelalter zurück. Der Wein ist Anziehungspunkt nicht nur im Heurigen „Reisenhofer" in der Wiener Straße

und das erste, das als klimaneutral zertifiziert worden ist. In einem Keller mit Ursprung im 13. Jahrhundert ist ihre Vinothek eingerichtet – eine Verkostung der stiftseigenen Weiß- und Rotweine ist ein schöner Abschluss für einen Ausflug.

Im Lainzer Tiergarten

Die grüne Lunge Wiens, Naturparadies, Stadtwildnis – mit eindrucksvollen Attributen wird der Laubwaldgürtel belegt, der sich entlang der Westseite der Bundeshauptstadt erstreckt: der Wienerwald. Wanderwege ziehen sich kreuz und quer durch das stadtnahe Gebiet, das bequem mit den „Öffis" erreichbar ist. Seit 1919 steht der 25 Quadratkilometer große Lainzer Tiergarten im Westen der Stadt allen Wienern offen. Die 22 Kilometer lange Mauer um das einstige herrschaftliche Jagdrevier realisierte ein Mann namens Philipp Schlucker – da man glaubte, er würde zu dem angebotenen Preis bankrottgehen, verpassten ihm die Wiener den Beinamen „Armer Schlucker". Er hatte sich aber nicht verkalkuliert und schaffte es zu Wohlstand. Lagerwiesen, Abenteuer-Spielplätze, Naturlehrwege und Aussichtspunkte schaffen Abstand zum Stadtleben. Und mit etwas Glück bekommt man auch einige der Wildschweine zu Gesicht, die im Tiergarten frei herumlaufen.

Special

Carnuntum

Wo Römersteine sprechen

45 Kilometer südöstlich vom heutigen Wien erstreckte sich in der Spätantike eine der größten Städte Mitteleuropas: Carnuntum. Ihre Aufgabe: als wichtigstes Glied am Donaulimes die römische Provinz Pannonien gegen die „Barbaren" im Norden zu schützen.

Das in den Wirren der Völkerwanderung aufgegebene Carnuntum mit zeitweise 6500 Soldaten Besatzung und einer Zivilstadt mit 50 000 Einwohnern erlebte eine spektakuläre Wiederauferstehung. Die Überreste einer Gladiatorenschule, einer von vier bekannten im Römischen Reich, machten Archäologen mit Bodenradarmessungen im Erdreich ausfindig. Als Meisterwerk römischer Ingenieurskunst entpuppte sich eine seit 1900 Jahren funktionierende Wasserleitung. Ein Stadtviertel mit typischen Wohngebäuden und einer Therme lädt zum Flanieren. An den Veranstaltungstagen öffnet sich in Carnuntum ein

Fenster zur römischen Vergangenheit Österreichs. Laiendarsteller schlüpfen in Rüstungen und stellen die Formationen nach, die Roms Legionen lange unüberwindbar machten. Es wird gebacken, geschmiedet und römische Mode präsentiert. Im Amphitheater liefern sich Gladiatoren Schaukämpfe. „Papa, kannst du mit zum Spielplatz kommen, ich fürchte mich vor den Germanen" – ein Satz aus dem Mund eines etwa Dreijährigen zeigt, dass die Auftritte ihre Wirkung tun.

Rekonstruierte Villa in der einstigen Zivilstadt (oben) und römischer Tanz beim Römerfestival in Carnuntum (Mitte links)

Im zu Beginn des 20. Jahrhunderts als antike Landhausvilla errichteten Museum Carnuntinum werden die Grabungsfunde präsentiert

Ungewöhnliche Touren

Auf schrägen Pfaden durch Wien

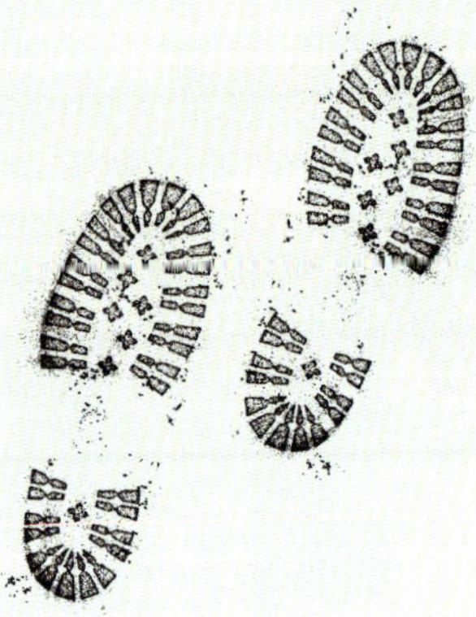

„Haben Sie Wien schon bei Nacht erlebt?" – bereits der Wiener Liedermacher Rainhard Fendrich wollte einst sein Publikum zu einem Streifzug abseits von Riesenrad, Walzerklang und weiteren zuckersüßen Wien-Klischees überreden. Unterhaltsame und verborgene Facetten der Donaumetropole sind im riesigen Angebot der Tourveranstalter tatsächlich zu finden.

1 So schön hässlich

Die hässlichen Seiten der Stadt hat sich der Brite Eugene Quinn auf seiner witzigen „Vienna Ugly"-Tour zur Brust genommen. Auf seinem Spaziergang konzentriert er sich auf die Architektursünden in der Leopoldstadt und an der Ringstraße. Den Anfang machen mit den Flaktürmen im Augarten zwei unzerstörbare Kolosse aus dem Zweiten Weltkrieg. Weiter geht's zum Karmelitermarkt, der mit einem katastrophal gescheiterten Dachausbau und einem Haus mit einer rosa Kitschfassade gleich zwei „Highlights" aufzuweisen hat. Am Schubertring wird das „Ritz-Carlton" einer Stilkritik unterzogen. Unterhaltsam: Die Besucher stimmen unterwegs ab, welche Gebäude sie für hässlich oder charaktervoll halten.

„Vienna Ugly"-Tour, http://spaceandplace.at/vienna-ugly; mindestens einmal im Monat auf Englisch bzw. Deutsch (Termine auf der Website). Treffpunkt am Eingang zum Augarten, gegenüber Obere Augartenstraße 40, Dauer 1,5 Std.

2 Wien von ganz unten I

Im Wiener Kanalsystem spielt das große Finale des Streifens „Der Dritte Mann" (1949), der die Nachkriegszeit in Schwarz-Weiß-Bildern und einer düsteren Story einfängt. Die Tour zu den Originalschauplätzen folgt den Spuren des skrupellosen Penicillin-Schiebers Harry Lime, der die Stadt unter der Stadt als Fluchtweg nutzt. Ausgestattet mit Helm und Stirnlampe geht es in den Wiener Untergrund. Über die Wand huscht das Konterfei des von Orson Welles gespielten Bösewichts, die hypnotische Titelmelodie erklingt. Aber keine Angst, es riecht nicht zu streng. Die Abwasser-Entsorgung Wiens hat seit römischen Zeiten große Fortschritte gemacht, erfährt man unterwegs. Perfekte Ergänzung ist ein Besuch im Burgkino, wo der Kultfilm mehrmals die Woche in Originalfassung ausgestrahlt wird.

Die Dritte Mann-Tour, Tel. 01 40 00 30 33, www.drittemanntour.at; Mai–Okt. Do. bis So. 10.00–19.00 Uhr jeweils zur vollen Stunde; Treffpunkt Karlsplatz-Girardipark (vis-à-vis „Café Museum"), 1010 Wien; Anmeldung empfehlenswert, Dauer 1 Std.; „The Third Man" im Burgkino: Opernring 19, www.burgkino.at

3 Hase mit Bernsteinaugen

In die untergegangene Welt des jüdischen Großbürgertums führt diese Tour. Sie folgt den Spuren Edmund de Waals, der in seinem gleichnamigen Bestseller das Schicksal seiner im Palais Ephrussi am Schottentor lebenden Vorfahren erkundete – 1938 wurden sie enteignet und vertrieben. Wenige wissen von der ursprünglichen Geschichte des Prachtpalais, in dem eine Anwaltskanzlei residiert. Auf der Tour zwischen Hofburg und Ringstraße kann man einen Blick ins Foyer werfen.

Wiener Spaziergänge, Austria Guide Patrizia Kindl, Tel. 0699 19 24 71 54 www.wienguide.at; Fr. 16.00 Uhr, Treffpunkt Freyung 6 am Eingang der Schottenkirche, Dauer 1,5 Std.

4 Wien von ganz unten II

Ferdinand rutschte durch Schicksalsschläge in die Obdachlosigkeit, es dauerte, bis er sich wieder „derrappelte". Heute ist er als Guide des Vereins Supertramp aktiv. Schauplatz seines alternativen Stadt-Spaziergangs ist Ottakring. Ferdinand verwebt Fakten und Tipps mit Biografischem – ein Wien abseits Üblichem. Kollegen Ferdinands stellen den Prater oder die Donauinsel vor, entführen in das wilde Wien der 1980er-Jahre.

Supertramper-Tour, http://supertramps.at, Online-Buchung erforderlich; Fr. 17.00 Uhr, Treffpunkt Wattgasse/Ecke Ottakringer Straße, 1160 Wien; Dauer 1,5 Std.

5 Wien dekadent

Am anderen Ende des gesellschaftlichen Spektrums lässt die Wien-Dekadent-Tour das Leben der Hautevolée anno 1888 aufleben. Als Guide durch die (damals wie heute) luxuriösesten Hotelbars der Stadt wirkt Mizzi Kaspar, langjährige Geliebte des Kronprinzen Rudolf, „höchstpersönlich". Auftakt ist ein Glas Sekt im „Hotel Sacher", in der „American Bar" des „Bristol" wird Cocktail geschlürft, den Abschluss bildet im noblen „Imperial" eine süße Jause mit Melange und Imperial-Torte.

Artemezzo-Touren, Tel. 0699 12 14 23 79, www.artemezzo.com; Termin nach Vereinbarung, für Gruppen ab ca. 5 Pers., Dauer 2,5 Std.

6 Die Hotel-Tour

Abgründiges und Amüsantes liefern Wiens Luxusherbergen auf der Hotel-Tour. Giuseppe Verdi, Konrad Adenauer und John Lennon haben ihre Auftritte – letzterer lud 1969 zu einer Nackt-Pressekonferenz ins „Sacher" – die Erwartungen erfüllten sich aber nicht. Michael Jackson schuf im „Imperial" seinen „Earth Song". Originell geht die Tour zu Ende: Das „Orient" soll man bitte diskret in Augenschein nehmen – größere Gruppen würden potenzielle Kunden des Stundenhotels vergraulen.

Wiener Spaziergänge, Austria Guide Patrizia Kindl, Tel. 0699 19 24 71 54 www.wien guide.at; Termine auf Anfrage, Treffpunkt „Hotel Imperial", Kärntner Ring 16, 1010 Wien, Dauer 1,5 Std.

7 Servus Piefke

Die „Servus Piefke"-Tour nimmt die besondere Beziehung zwischen Österreichern und ihren deutschen Nachbarn aufs Korn. Mit der Sprache geht's los, in Wien wird nicht gemeckert, sondern geraunzt, und statt „dufte" wird „leiwand" gesagt. Das Geheimnis wird gelüftet, was der ominöse Herr Piefke den Ösis eigentlich angetan hat. Und erstaunlich, welche vermeintlichen Original-Österreicher in Deutschland geboren wurden …

Wiener Spaziergänge, Austria Guide Christa Bauer, Tel. 0664 583 94 66, www.wienguide.at; alle zwei Wochen Di. nachm., Anm. empfehlenswert, Treffpunkt Hoher Markt (Vermählungsbrunnen), 1010 Wien, Dauer 2 Std.

8 Nationalpark per Boot

Von Mai bis Okt. verbindet das NationalparkBoot den Wiener Asphaltdschungel mit dem echten Dschungel in der Lobau. Auf dem Weg in den Wiener Teil des Nationalparks Donau-Auen informiert die Crew über die Tierwelt und die Geschichte des Schutzgebietes. Mit etwas Glück zeigt sich ein Reiher oder gar ein Biber am Ufer des Donaukanals. Und schließlich geht es vom idyllischen Lobauer Hafen in Begleitung eines Nationalpark-Rangers sogar ein Stück in den Urwald hinein.

Wiener NationalparkBoot, Tel. 01 400 04 94 95, www.wien.gv.at/umwelt/wald/erholung/nationalpark/freizeit/boot.html; Mai bis Ende Okt. tgl 9.00 Uhr, Anlegestelle Donaukanal, bei der Salztorbrücke/Abgang Franz Josef-Kai, Dauer 4 Std.

Maßstab 1:250.000
5km
TULLN
KORNEUBURG
GÄNSERNDORF
KLOSTERNEUBURG
Langenzersdorf
GERASDORF
DEUTSCH-WAGRAM
MARCHEGG
FLORIDSDORF
DONAUSTADT
DÖBLING
WIEN
PURKERSDORF
PENZING
HIETZING
PRESSBAUM
SIMMERING
FAVORITEN
GROSS-ENZERSDORF
LIESING
Perchtoldsdorf
SCHWECHAT
FISCHAMEND MARKT
MÖDLING
Wiener Neudorf
Himberg
EBERGASSING
Gramatneusiedl
TRAISKIRCHEN
BADEN
BAD VÖSLAU
EBREICHSDORF
BRUCK an der Leitha
Trautmannsdorf an der Leitha
Mannersdorf am Leithagebirge
Parndorf
NEUSIEDL am See
Orth an der Donau
Nationalpark Donau-Auen
Petronell-Carnuntum
Bad Deutsch-Altenburg
Leopoldsdorf
Kaltenleutgeben
Breitenfurt bei Wien
Heiligenkreuz
Alland
Gaaden
Gumpoldskirchen
Pfaffstätten
Sieghartskirchen
Mauerbach
Gablitz
Tullnerbach
Wolfsgraben
Laxenburg
Guntramsdorf
Maria Enzersdorf
Biedermannsdorf
Brunn
Hinterbrühl
Oberwaltersdorf
Trumau
Sankt Andrä-Wördern
Leobendorf
Bisamberg
Strasshof an der Nordbahn
Leopoldsdorf im Marchfelde
Eckartsau
Haslau-Maria Ellend
Enzersdorf
Rohrau
Scharndorf
Götzendorf an der Leitha
Pottenstein
Kottingbrunn
Tattendorf
Teesdorf
Seibersdorf
Reisenberg
Moosbrunn
Münchendorf
Zwölfaxing
Rauchenwarth
Mitterndorf an der Fischa
Sommerein
Breitenbrunn am Neusiedler See
Winden am See
Jois
Höflein
Göttlesbrunn-Arbesthal
Haringsee
Engelhartstetten
Weikendorf
Lassee
Andlersdorf
Mannsdorf an der Donau
Glinzendorf
Raasdorf
Aderklaa
Parbasdorf
Markgrafneusiedl
Obersiebenbrunn
Untersiebenbrunn

Wienerwald, Wein und wohltuende Wässer

Wie hielten sich die Römer an der Donau warm? Wo fand Beethoven Inspiration für seine berühmte 9. Symphonie? Wodurch wurden die Mönche von Heiligenkreuz weltberühmt? Wen diese Fragen neugierig machen, muss raus aus Wien: Vor den Toren der Stadt warten Kulturschätze und Naturerlebnisse auf entdeckungslustige Besucher.

1 Klosterneuburg

Schon von Weitem ziehen die Kuppeln von Stift Klosterneuburg die Blicke auf sich. Die Dachabschlüsse präsentieren einerseits die Reichskrone und andererseits den Österreichischen Erzherzogshut. 1114 legte der Babenberger Markgraf Leopold III. den Grundstein zur Stiftskirche, 1133 vertraute er das Kloster Augustiner-Chorherren an.

SEHENSWERT

Die Sammlungen des Stiftes vereinen Kunstschätze vom Mittelalter bis in die Gegenwart. Bemerkenswert ist der Empfangsbereich zu den **Stiftssammlungen.** 1730 entschloss sich Kaiser Karl VI. in Klosterneuburg eine gigantische Klosterresidenz nach dem Vorbild des Madrider Escorial zu errichten. Als er zehn Jahre später starb, ließ das Stift, das die Kosten zu tragen hatte, die Arbeiten sofort einstellen. In der einstigen barocken Baustelle der Sala terrena mit teils noch unverputzten Ziegelmauern heißen die Augustiner-Chorherren heute die Besucher willkommen (www.stift-klosterneuburg.at; Mai–Mitte Nov. tgl. 9.00 bis 18.00, sonst tgl. 10.00–17.00 Uhr, Busse 239 und 439 ab Wien-Heiligenstadt).
Individuell (mit Audioguide) zu besichtigen ist der **Kaisertrakt,** der seit 1740 weitgehend unverändert geblieben ist und noch den Geist des Barock atmet – die Zimmerfluchten präsentieren sich als kleinere Version Schönbrunns. Elfenbeinschnitzereien, mittelalterliche Goldschmiedearbeiten und weitere Kostbarkeiten vereint die **Schatzkammer;** Prunkstück ist der mit Edelsteinen und Perlen besetzte Österreichische Erzherzogshut von 1616. Vertiefende Einblicke bieten Themenführungen. Die Sakraltour etwa erschließt die Leopoldskapelle, Grabstätte des Stiftsgründers, mit dem weltberühmten Verduner Altar (1181). Die **Stiftskirche** beeindruckt mit barocker Ausstattung, leuchtstarken Fresken und dem Kaiseroratorium Karls VI. Mit den Schätzen der stiftseigenen Weinproduktion befasst sich eine weitere Tour; nach der Führung durch das barocke Kellerensemble besteht die Möglichkeit einer Weinverkostung in der Stiftsvinothek (Rathausplatz 24).

2 Lainzer Tiergarten

Ende der 1860er-Jahre verhinderten Wiener Naturliebhaber die weitgehende Abholzung des 1000 km² großen Wienerwaldes, der sich als Grüngürtel um den Westen und Süden von Wien legt. Eines der stadtnächsten Erholungsgebiete dort ist mit der U-Bahn zu erreichen: der Lainzer Tiergarten (U4 Hütteldorf, 10 Min. Fußweg zum Nikolaitor).

SEHENSWERT

Vom Nikolaitor in Wien-Auhof führen teils asphaltierte Gehwege in das Herz des 25 km² großen **Schutzgebietes,** das zu vier Fünfteln von Laubwäldern bedeckt ist. Waldspielplätze und Lagerwiesen bieten Gelegenheit zum Austoben. Fahrräder sind – ebenso wie Autos – nicht erlaubt; auch Hunde müssen wegen der frei laufenden Wildschweine draußen bleiben (www.lainzer-tiergarten.at; Febr.–Okt. tgl. ab 8.00 Uhr, gesonderte Winteröffnungszeiten). Unweit vom € **Ausflugsgasthaus Rohrhaus** (www.rohrhaus.at, Tel. 0681 10 32 12 64, ca. 1 Std. Fußweg) bietet der „Wiener Ausblick“ ein erstklassiges Panorama auf die Stadt. Ein großes Angebot an Wildgerichten erwartet Besucher im € **Gasthaus Hirschgstemm**. (Hirschgstemmstraße, Tel. 0676 493 92 05).

MUSEUM

Die für Kaiserin Elisabeth bis 1886 erbaute **Hermesvilla** am östlichen Rand des Lainzer Tiergartens nutzt heute das Wien Museum für Ausstellungen. Interieur und Gegenstände des Kaiserpaares in den Schauräumen im 1. Stock vermitteln Wohnkultur an der Wende zum 20. Jh. (www.wienmuseum.at und www.hermes-villa.at; April–Okt. Di.–So. 10.00–18.00 Uhr, kürzester Zugang via Lainzer Tor, Straßenbahn 60 Hermesstraße, Bus 60B).
Im €€ **Café Restaurant Labstelle** (www.hermes-villa.at, Tel. 01 804 13 23; Do.– So. und Fei.) speist man gediegen unter Stuckdecken oder lässt sich einen Picknick-Korb füllen.

Klosterneuburgs gotischer Albrechtsaltar (links). Lainzer Tiergarten: kleine Besucher (rechts oben) und Wien-Blick (rechts unten)

3 Heiligenkreuz

Heiligenkreuz ist weltweit das einzige Zisterzienserkloster, das seit der Gründung (1133) ohne Unterbrechung besteht. Seine Kunstschätze und die Sangeskunst der Mönche machen einen Besuch lohnend.

Tipp

Weinort wie aus dem Bilderbuch

Gumpoldskirchen, 6 km nordöstl. von Baden, ist der schönste Ort, um Weinspezialitäten wie den Rotgipfler und den Zierfandler zu verkosten. Nach einem Spaziergang durch die Weinberge und einem Blick auf das skurrile Hans-Moser-Denkmal – der Schauspieler setzte einst dem geliebten Gumpoldskirchner Wein in seinem „Reblaus"-Lied ein Denkmal – hat man sich eine Einkehr verdient. Stimmungsvoll sitzt man etwa beim Heurigen „Reisenhofer" (Wienerstraße 20).

INFORMATION
Anfahrt aus Wien mit den Schnellbahnen S3 und S4

SEHENSWERT
Das Zentrum des Klosters ist nur mit Führung zu besuchen. Die ersten Zisterzienser hatten die Abtei „Paradisum" genannt – die Architektur spiegelt diesen Grundgedanken wider: Die roten Marmorsäulen im romanisch-gotischen Kreuzgang stellen die Bäume des Paradieses dar, die im reichen Knospen- und Rankenwerk der Kapitelle enden. Die farbprächtigen Glasscheiben im hochgotischen Brunnenhaus zeigen Angehörige der Babenberger-Familie, die den Habsburgern vorausging (www.stift-heiligenkreuz.org; Führungen Mo.–Sa. 10.00, 11.00, 14.00, 15.00 und 16.00, So. und Fei. erst ab 11.00 Uhr, Anfahrt Postbus 459/552 von Baden-Bahnhof).

UMGEBUNG
Der 30. Januar 1889 ging als rabenschwarzer Tag in die Annalen der Donaumonarchie ein: In seinem Jagdschloss in **Mayerling** (3 km westl.) erschoss Österreich-Ungarns Thronfolger Rudolf seine 17-jährige Geliebte Mary Vetsera und nahm sich dann das Leben. Der Hof vertuschte und beschönigte das Geschehen. Das Jagdschloss wurde zu einem Kloster umgebaut, wo bis heute Karmelitinnen für das Seelenheil Rudolfs beten; die Gedächtnisstätte des Karmel Mayerling dokumentiert die „Tragödie von Mayerling" (Mayerling 3, Alland, www.karmel-mayerling.org; April–Okt. tgl. 9.00 bis 17.30, sonst nur Sa., So. und Fei. 9.00 bis 17.30 Uhr; Anfahrt Postbus 459/552 von Baden-Bahnhof).

4 Baden

Mit seiner Wahl als Sommerresidenz beförderte der spätere Kaiser Franz I. um 1800 den Aufstieg Badens zum „Place to be" der Donaumonarchie. Noch heute verströmt der historische Kern des 26 000 Einw. zählenden Städtchens Biedermeier-Flair. Badens heiße Schwefelquellen locken bis heute Besucher an. Vom Zentrum Wiens bis zum Josefsplatz in Baden benötigt die Badner Bahn eine gute Stunde.

SEHENSWERT
Am Hauptplatz mit seiner monumentalen Dreifaltigkeitssäule steht das klassizistische **Kaiserhaus** (18. Jh.), Sommerresidenz Kaiser Franz' I. von 1813 bis 1834; die Ausstellung setzt seinen Schwerpunkt auf das Haus Habsburg (Hauptplatz 17; Mai–Okt. Di.–So). An diese goldene Ära knüpft das **Stadttheater** (1775) an, das hinter klassizistischer Fassade ein modernes Innenleben verbirgt (www.buehnebaden.at; vorwiegend Operetten und Musicals).
Was weniger bekannt ist: Franz I. war ein Förderer der Gartenkünste – etwa wie Prince Charles heute. Kaum eine Ecke Badens ohne Blumenmeer: Höhepunkt ist das Rosarium im **Doblhoffpark** westl. des Zentrums mit über 30 000 Rosenstöcken aus mehr als 900 Sorten („Rosentage" im Juni); auch eine „Walzerkönig Strauss" genannte Rose darf nicht fehlen. Der in Baden oft engagierte Komponist Johann Strauss Sohn wird mit einem Denkmal im historischen **Kurpark** gewürdigt, der nördl. der Fußgängerzone in den Wienerwald übergeht (Kurkonzerte).

MUSEEN
Das Arnulf-Rainer-Museum im früheren Frauenbad (1821) bürstet das historische Ambiente etwas gegen den Strich. Die Gemälde des 1929 in Baden geborenen Malerfürsten verleihen dem klassizistischen Ensemble Leben (Josefsplatz 5, www.arnulf-rainer-museum.at; tgl. 10.00 bis 17.00, Führungen Sa., So. und Fei. 15.00 Uhr).
Inspiration und Heilung suchte auch Ludwig van Beethoven in Baden; das **Beethovenhaus,** Domizil des Meisters in den Sommern 1821 bis 1823, verbindet Einblicke in den Alltag des Musikgenies mit Klangerlebnissen der hier entstandenen Werke (Rathausgasse 10, www.beethovenhaus-baden.at; Di.–So. 10.00–18.00 Uhr).

AKTIVITÄTEN
Das **Thermalstrandbad** (1926) in Secessionsstil und Art déco ist ein Juwel der Bäderarchitektur. Als Reminiszenz an die einstigen österreichischen Seebäder bekam es einen 3700 m² großen Sandstrand (Helenenstraße 19; Mai bis Sept. 8.00/8.30–18.00/19.00 Uhr). Rund ums Jahr währt der Badespaß in der **Römertherme** (Brusattiplatz 4, www.roemertherme.at; tgl. ab 10.00 Uhr).
Ein Glaserl Wein gehört seit der Römerzeit mit zum Baden-Programm. Am **Heurigen-Telefon** (Tel. 02252 45 64 0) und im Tourismusbüro erfährt man, wo gerade ausg'steckt ist.

UMGEBUNG
Kurort-Charme, Heurigen-Besuche und Badefreuden bietet auch **Bad Vöslau.** Schmuckstück des Städtchens (11 700 Einw.) ist das Thermalbad Vöslau, 1926 im Retrojugendstil errichtet. Zum künstlerischen Programm zählen Fresken und Statuen. Herzstück ist das von der Ursprungsquelle aus 700 m Tiefe gespeiste „Grüne Becken" (Maital 2, www.thermalbad-voeslau.at; Mai–Sept., Saunawelt). Ab 1822 wurde in Vöslau Schwimmunterricht erteilt – mit der ersten Schwimmschule für Frauen war man der Zeit weit voraus.

INFORMATION
Tourismus Baden, Brusattiplatz 3, A-2500 Baden bei Wien, Tel. 02252 868 00 60 0, www.tourismus.baden.at
Tourist-Information Bad Vöslau, Schlossplatz 1, A-2540 Bad Vöslau, Tel. 02252 76 16 15 45 www.badvoeslau-tourismus.at

Schlossinsel von Orth an der Donau (links). Karmel Mayerling (rechts oben). Mönche im Kreuzgang von Heiligenkreuz (rechts unten)

5 Orth an der Donau

Das am Nordufer der Donau gelegene Orth fungiert als wichtigstes „Tor" zum Nationalpark Donau-Auen.

SEHENSWERT

Das **Besucherzentrum** im massigen Renaissanceschloss Orth (überw. 16. Jh.) macht den Lebensraum Donau-Auen mit Erlebnisausstellungen und mit einem Mini-Zoo erfahrbar (schlossORTH Nationalpark-Zentrum, www.donauauen.at/besucherinfo; Ende März–Okt. tgl. ab 9.00 Uhr, Anfahrt Postbus 391 von U2-Station Aspernstraße). Auf der Schlossinsel bekommt man die Tierwelt der Donau-Altarme zu Gesicht. Nattern genießen Sonnenstrahlen, Sumpfschildkröten, Frösche, Käfer und Libellen bevölkern die Teiche. Hinter dem bruchsicheren Glas der Unterwasser-Beobachtungsstation ziehen Karpfen und Sterlets-Störe ihre Runden.

AKTIVITÄTEN

Ausgangspunkt für Nationalpark-Erlebnisprogramme ist das Donau-Ufer (2,5 km südl.). Geführte Kanu- und Schlauchboot-Touren erschließen Altarme der Donau, Fotosafaris und Beobachtung der Hirschbrunft stehen auf dem Besucherprogramm. Ein Fernglas leistet gute Dienste bei der Tierbeobachtung.

6 Carnuntum

Die Ausgrabungen der Römerstadt gewähren Einblicke in das Leben an der Peripherie des Reiches (um 70 n. Chr. bis Ende 4. Jh.). In der Völkerwanderung ging der Komplex aus Militär- und Zivilstadt unter, wurde aber nie überbaut.

SEHENSWERT

Im **Archäologischen Freilichtpark** wurden typische Gebäude vom Bürgerhaus bis zur Landvilla rekonstruiert und für Besucher zugänglich gemacht. Für hohen Komfortstandard spricht die mit Fußbodenheizung ausgestattete Therme. Ein Spaziergang über Felder erschließt das Amphitheater der einstigen Zivilstadt, wo sich bis zu 13 000 Besucher an Gladiatorenkämpfen ergötzten. Zu den jüngsten Rekonstruktionen zählt eine 14 m durchmessende Übungsarena der Kämpfer. Von Roms einstiger Größe kündet das monumentale Heidentor 900 m südl. der Zivilstadt (Hauptstraße 1A, Petronell-Carnuntum, www.carnuntum.at; Mitte März–Mitte Nov. tgl. 9.00–17.00 Uhr, Anfahrt Schnellbahn S7 bis Petronell-Carnuntum). Im nahen Bad Deutsch-Altenburg vergegenwärtigt das **Museum Carnuntinum** anhand Tausender Exponate das Alltagsleben am Donaulimes (Badgasse 40; Mitte März–Mitte Nov. tgl. 9.00–17.00 Uhr).

VERANSTALTUNGEN

An **Frühlingstagen** (Ende März), beim **Römerfestival** (Mitte Juni) und zum **Kinderfest** (Mitte Sept.) erfüllen Gladiatorenkämpfe, Reit- und Handwerksvorführungen sowie eine Modenschau das Ensemble mit Leben.

Genießen   Erleben   Erfahren

DuMont Aktiv

Pappelwolle und Karpfen serbisch

Von Orth an der Donau erschließt ein Rundweg einen der schönsten Abschnitte des Nationalparks Donau-Auen. Unterwegs verwöhnt „Humers Uferhaus" mit Fischspezialitäten.

Eben verläuft der Wanderweg (erst gelb, dann rot), der von Orth hinab zur Donau führt und dem Betrachter die unterschiedlichen Lebensräume des Nationalparks Donau-Auen wie auf einem Silbertablett präsentiert. Uralte Baumriesen bilden zum Auftakt ein schattiges Spalier. Die vom Alter oder von Unwettern gefällten Bäume bilden die Basis für neues Leben – ins morsche Holz ziehen Insekten ein, die wiederum Vögel anlocken. Im Frühjahr hallt das Hämmern der Spechte durch die Lüfte, Pappelwolle treibt durch das Unterholz. Jenseits des Hochwasserschutzdamms schließt sich die dynamische Au an, die sich bei Überflutungen in ein Sumpfgebiet verwandelt. Die Route schmiegt sich nun an einen Seitenarm der Donau. Wer sich ruhig verhält, bekommt mit Glück einen Reiher oder einen Eisvogel zu sehen, der sich auf der Jagd nach silberglänzenden Fischchen in die Fluten stürzt. Immer wieder tun sich blumenübersäte Lichtungen im Urwald auf.

Am großen Strom bietet „Humers Uferhaus" nicht nur Fischspezialitäten, sondern auch Logenblicke auf die Donau. „Der Karpfen auf serbische Art, nach einem Rezept meiner Großmutter resch und knusprig gebraten, ist seit 80 Jahren die Nummer 1", erzählt Hausherr Georg Humer III.

Informationen

Ausgangspunkt beim schlossORTH Nationalpark-Zentrum (www.donauauen.at/besucherinfo); Dauer hin und retour: 2–2,5 Std.
Anfahrt mit Postbus-Linie 391 (von U2-Station Aspernstraße) nach Orth. **Rückfahrt** alternativ von „Humers Uferhaus" mit der Fähre (Mitte März–Anf. Okt.) nach Haslau übersetzen und mit der Schnellbahn S7 nach Wien zurückkehren

Humer's Uferhaus, Orth an der Donau, Tel. 0664 180 03 22, www.uferhaus.at; Mai–Sept. tgl. ab 10.00 Uhr, April und Okt. Do.–Mo. ab 10.00 Uhr
Donaufahrten mit der „Tschaike", einem nach historischen Vorbildern gebauten Donauschiff (www.schiffmuehle.at; April–Okt. So. und Fei. um 14.00 und 15.30 Uhr)

Eine gute Möglichkeit, die Stadt kennenzulernen: Hop-on-hop-off-Bus (links). Wiener Schnitzel im „Centimeter" in der Lenaugasse (Mitte oben), Kaffee in der „Onyx Bar" im Haas Haus (Mitte unten). Bars im Kärntner Durchgang (rechts)

Service

Keine Reise ohne Planung. Auf den folgenden Seiten sind Wissenswertes und wichtige Informationen für einen reibungslosen Wien-Aufenthalt zusammengestellt.

Anreise

Mit dem Auto: Aus Süddeutschland über die Autobahn 8 nach Salzburg und weiter über die A1 nach Wien, alternativ über Regensburg–Passau–Linz; aus dem Osten Deutschlands führt die kürzeste Route über Tschechien (Prag/Brünn, dann über die E461). Für die Benutzung der österreichischen Autobahnen ist eine **Vignette** Pflicht – zu erstehen in Deutschland beim ADAC oder an den Autobahnraststätten an der Grenze (10 Tage Pkw 9.– € bzw. Motorrad 5,20 €, zwei Monate Pkw 26,20 € bzw. Motorrad 13,10 €, ein ganzes Jahr Pkw 87,30 € bzw. Motorrad 34,70 €). Alternativ gibt es zu gleichen Preisen eine digitale Vignette (Webshop unter www.asfinag.at).

Mit der Bahn: Als internationaler Bahnknotenpunkt ist Wien aus allen Himmelsrichtungen gut erreichbar. Mit dem Railjet der Österreichischen Bundesbahnen (ÖBB) gelangt man schnell und bequem aus München (4 Std.) oder Zürich (8 Std.) in die Donaumetropole. **Fernzugverbindungen** führen auch nach Frankfurt/Main, Köln, Dortmund, Hamburg und Berlin. Wichtigste Bahnstrecke ist die dicht befahrene Ost-West-Transversale Budapest–Wien–Linz–Salzburg. Zwischen Salzburg (Zubringer MERIDIAN aus München) und Wien verkehrt die private WESTBahn zu günstigen Tarifen. Tickets und Informationen: www.oebb.at (Österreichische Bundesbahnen), www.westbahn.at (WESTbahn), www.bahn.de (Deutsche Bahn), www.sbb.ch (Schweizerische Bundesbahnen). Wichtigste Drehscheibe des **Nahverkehrs** Wiens ist der Hauptbahnhof 3 km südlich des Stephansplatzes, der durch die U-Bahn (U1) mit dem Zentrum verbunden ist. Der Bhf. Meidling ist durch die U6 gut an die westlichen Bezirke angebunden. Der Westbahnhof – günstig gelegen für die Innenstadtbezirke – wird auf der Fernstrecke nur mehr von der WESTBahn genutzt. ÖBB-**Autoreisezüge** verkehren ab Hamburg (tgl.) und Düsseldorf (4 Mal pro Woche) nach Wien und retour.

Mit dem Bus: Wer mit dem Bus anreist, muss für die Strecke von München bis Wien 5,5 Std. Fahrtzeit einplanen, aus Berlin ca. 10 Std. (etwa mit Flixbus, www.flixbus.de; 7 Stationen in Wien).

Mit dem Flugzeug: Der Vienna International Airport (VIE, www.viennaairport.com) liegt in Schwechat, 16 km südöstl. des Stadtzentrums (ca. 30 Min. mit dem Auto). Aus Berlin, München, Hamburg, Frankfurt, Leipzig sowie weiteren deutschen Städten werden Nonstop-Flugverbindungen nach Wien angeboten.
Railjet-Züge bieten eine günstige **Nahverkehrsverbindung** zwischen Flughafen und Wien-Hauptbahnhof (Fahrtdauer 15 Min. halbstdl., Ticket in Ankunftshalle/Schalter ÖBB oder am Automaten) und Wien-Meidling. Der City Airport Train (CAT) ist mit 16 Min. die schnellste Nonstop-Verbindung in die Nähe der Innenstadt (Terminal am Bahnhof Wien-Mitte), der Zug verkehrt halbstdl. Günstiger geht es mit der Schnellbahn S7, die im 15 Min.-Takt (Kernzeit, sonst alle 30 Min.) zwischen dem Flughafen und mehreren Stationen rund um die Innenstadt pendelt (ca. 30 Min.).
Zudem steuern **Airport-Busse** zahlreiche Ziele in der Stadt an, etwa Schwedenplatz (20 Min. Fahrtzeit, 10 Min. zu Fuß zum Stephansplatz), Westbahnhof, Rathaus oder Vienna International Center.
Mit dem **Taxi** gelangt man in ca. 30 Min. in die Innenstadt. Von der Stadt zum Flughafen gilt ein Fixpreis von 36 € (bei der Bestellung Flughafen-Taxi verlangen!). Airport Service Unternehmen bieten von Wien aus auch günstigere **Transfers** an (Liste unter www.wien.info, Hotel & Reiseinfos).

Auskunft

Tourist-Info Wien mit Büros in der Innenstadt (Albertinaplatz/Ecke Maysedergasse, Rückseite der Staatsoper; tgl. 9.00–19.00 Uhr), am Hauptbahnhof (9.00–19.00 Uhr) und am Flughafen (Ankunftshalle; tgl. 7.00–22.00 Uhr), Hotels & Info Tel. +43 1 24 555 (Mo.–Fr. 9.00–19.00 Uhr), im Internet unter www.wien.info.

Einreise

Für die Einreise nach Österreich sollten deutsche Staatsbürger einen gültigen Personalausweis dabei haben, Schweizer Bürger benötigen für die Einreise nach Österreich eine gültige Identitätskarte oder einen gültigen – bzw. weniger als 5 Jahre abgelaufenen – Reisepass.

Essen und Trinken

Die Mischung macht's aus: In der Wiener Küche steckt neben österreichischer Kochkunst viel aus den einstigen Kronländern Böhmen und Ungarn, zudem spielen bayerische, italienische

und dalmatische Einflüsse eine Rolle. Das ergibt eine Melange, die sehr genussvoll, meist aber auch recht deftig und nahrhaft ausfällt.
Fleischgerichte: Eine große Vorliebe haben die Wiener für Paniertes. An erster Stelle steht das **Wiener Schnitzel,** ein zartes Stück Kalbfleisch, das in Mehl, Ei und Bröseln gewendet und goldbraun ausgebacken wird (Varianten vom Schwein oder Huhn). **Backhendl** (Huhn) sind ein weiterer Klassiker der Wiener Küche. Dazu passt etwa ein Erdäpfelsalat (Kartoffelsalat). Eine lange Tradition hat in Wien das gekochte Rindfleisch – Gipfel der Genüsse ist der **Tafelspitz** (s. auch S. 32). Nicht alle mögen die **Innereien**-Küche – von Leber über geröstete Nierndln (Nieren) und Beuschl (Lungenragout) reicht das Spektrum bis zum Kalbsbries (Thymus). Von ungarischen Wurzeln kündet das **Gulasch.** Beliebt ist auch der **Schweinsbraten** mit Knödel und Kraut.
Süßspeisen: Wien versteht sich auch hervorragend auf Süßes. Ganz oben stehen die Palatschinken (Pfannkuchen); beinahe unendlich sind die Variationen. Ebenso köstlich wie gehaltvoll sind die Palatschinken mit Topfenfüllung (Quark). Unbedingt kosten sollte man die aus dem Böhmischen stammenden Buchteln (Rohrnudeln) mit oder ohne Füllung. Apfelstrudel, Milchrahmstrudel und Kaiserschmarrn sind weitere Dessert-Klassiker. Die legendärste der Wiener Torten ist die Sachertorte mit viel Schokolade und etwas Marillenmarmelade – perfekt in Kombination mit einer Melange und ein ideales Mitbringsel vom Wien-Urlaub.
Snacks: Würstel in allen Variationen sind ein Klassiker für zwischendurch. Was in Deutschland als Wiener Würstchen bekannt ist (und auch in Wien erfunden wurde), läuft in Wien unter Frankfurter. Mit rauchigem Geschmack kommen die Waldviertler daher. Beliebt sind die Käsekrainer; dazu kommen je nach Gusto süßer oder scharfer Senf, vielleicht ein paar Silberzwiebeln oder Pfefferoni. Die Zahl der Würstelstände nimmt ab, hervorragende Qualität in der Inneren Stadt findet man etwa am Hohen Markt, vor der Albertina („Bitzinger") oder „Zum Scharfen René" am Schwarzenbergplatz. Wenn es weniger deftig sein soll: Die Brötchen von „Trzesniewski" gibt es schon in 22 Sorten, auch vegane, etwa am Westbahnhof oder in der Dorotheergasse in der Innenstadt.
Getränke: Wien hat eine lange **Weinbautradition** und ist weltweit für seine Heurigen bekannt. Doch längst setzen auch viele Lokale, Vinotheken und Weinbars der Stadt auf die Spitzentropfen aus den Wiener Rieden. Beliebt ist der würzige Grüne Veltliner, der etwa zu einem Schnitzel hervorragend passt. Eine Renaissance erlebt der „Wiener Gemischte Satz" aus mehreren Rebsorten, die im selben Weingarten stehen. Auf 80 Prozent der Wiener Rebflächen werden Weißweine angebaut.
Großer Brauner, Melange, Franziskaner, Verlängerter – in einem traditionellen **Wiener Kaffeehaus** kann die Liste der Koffein-Spezialitäten verwirrend lang sein. Tipp: Einfach die Karte etwas studieren. Cafés und Kaffee-Bars neuen Typs (s. auch S. 80) bieten oft auch bekömmliche und wohlschmeckende Filterkaffees. Das Glas Leitungswasser sollte immer dabei sein – das Wiener Wasser stammt aus den Alpen und schmeckt einfach köstlicher als in vielen anderen Metropolen.
Einige **Restaurant-Empfehlungen** sind auf den jeweiligen Info-Seiten zu finden.

Preiskategorien

€€€	Hauptspeisen	über 25 €
€€	Hauptspeisen	15–25 €
€	Hauptspeisen	unter 15 €

Geschäfte und Banken

Geschäfte haben zumeist Mo.–Fr. 9.00–18.30 und Sa. 9.00–17.00/18.00 Uhr, einige Einkaufszentren bis 20.00/21.00 Uhr geöffnet. Einkaufsmöglichkeiten an So. und Fei. gibt es in den großen Bahnhöfen, am Flughafen und in den Museums-Shops. Die meisten Banken, Hotels, ebenso Restaurants und größere Geschäfte, akzeptieren Kreditkarten. An Geldautomaten kann man mit Kredit- und Bankkarten – in Kombination mit der Geheimnummer – problemlos rund um die Uhr Geld abheben.

Gesundheit

Mit der **Europäischen Krankenversicherungskarte** (EHIC) haben EU-Bürger auch in Österreich Anspruch auf kostenlose Behandlung in öffentlichen Krankenhäusern und bei Vertragsärzten. Sollten dennoch Kosten anfallen, übernimmt diese gegen Vorlage der Quittungen in der Regel die Krankenkasse im Heimatland. Eine private Auslandskrankenversicherung ist dennoch ratsam, da deutsche Krankenkassen beispielsweise keine Kosten für einen Krankenrücktransport erstatten.

Info

Daten & Fakten

Stadt und Bewohner: Wien erstreckt sich über eine Fläche von 415 km². Die Hälfte davon ist Grünland – die Stadt hat den größten Grünanteil unter den europäischen Metropolen. Derzeit leben rund 1,8 Mio. Menschen in Wien (Prognose für 2022 2 Mio.); im Großraum Wien sind es rund 2,7 Mio. (31 % der rund 8,7 Mio. Einw. Österreichs). Knapp 35 % sind römisch-katholischen Glaubens, knapp 12 % islamisch, gut 4 % christlich-orthodox und gut 3 % evangelisch.
Verwaltung: Wien ist die Hauptstadt von Österreich und zugleich eines der neun österreichischen Bundesländer. Der Wiener Gemeinderat ist damit zugleich Landtag und der Bürgermeister gleichzeitig Landeshauptmann. Seit 1945 ist die Sozialdemokratische Partei Österreichs stärkste politische Kraft in der Hauptstadt, die sich verwaltungspolitisch in 23 Bezirke gliedert. Die Altstadt ist der 1. Bezirk; die Bezirke 2 bis 9 und der 20. bilden die „Innenbezirke", alle anderen sind „Außenbezirke".
Wirtschaft: Wien ist neben New York und Genf dritter Sitz der Vereinten Nationen und damit diverser UNO-Institutionen wie der Internationalen Atomenergiebehörde sowie u. a. der Organisation Erdölexportierender Staaten und der Organisation für Sicherheit und Zusammenarbeit in Europa. Auch die Mehrheit der großen österreichischen Konzerne haben neben vielen ausländischen ihren Sitz in Wien. So stellen Handel und Verwaltung auch die meisten Arbeitsplätze, die Wien zu den wohlhabendsten Regionen Österreichs machen. Die Arbeitslosenquote liegt bei unter 10 %.
Wichtiger Wirtschaftsfaktor ist der Tourismus. 2016 wurden mehr als 15 Mio. Übernachtungen verzeichnet – ein neuer Rekord. Fast jeder fünfte Übernachtungsgast kommt aus Deutschland.

Heurigen-Schrammelmusiker-Duo Schneeweiss-Oslansky (links oben). Vienna International Dance Festival (links unten). Ernst Molden im Theater am Spittelberg (rechts)

Nahverkehrsmittel

Das Netz an **Öffentlichen Verkehrsmitteln** ist mit fünf U-Bahn Linien, 29 Straßenbahn- und 127 Autobuslinien dicht geknüpft und preiswert. Am bequemsten ist man mit Netzkarten unterwegs (24 Std./7,60 €; 48 Std./13,30 €; 72 Std./16,50 €; Wochenkarte Mo.–Mo. 16,20 €). Man erhält diese an mehrsprachigen Fahrkartenautomaten (U-Bahnstationen) sowie in Vorverkaufsstellen (etwa Stephansplatz, Karlsplatz) sowie in vielen Tabak-Trafiken.
In Bus oder Straßenbahn gibt es Einzelfahrscheine beim Fahrer oder am Automaten (2,20 €). Auch in der Vienna City Card rot ist die Nutzung der „Öffis" inbegriffen
Fahrpläne sind im Internet unter www.wienerlinien.at einzusehen, telefonische Auskünfte unter Tel. 01 79 09 01 00. Für Bahn-Fahrten zwischen **Flughafen und Stadt** benötigt man ein eigenes Ticket (s. Anreise).

Notruf

Euro-Notruf: Tel. 112 (auch vom Handy)
Feuerwehr: Tel. 122

Info

Geschichte

um 400 v. Chr. Keltische Siedlung.
97 n. Chr. Gründung der römischen Grenzfestung Vindobona.
1137 Erste Erwähnung als Stadt. Seit 1155 Residenz der Babenberger Herzöge.
1278 Schlacht auf dem Marchfeld um das Erbe der Babenberger. Sieger sind die Habsburger unter dem römisch-deutschen König Rudolf I.
1365 Gründung der Wiener Universität.
1529 Erste Belagerung Wiens durch türkische Truppen. Sie bleibt wie diejenigen von 1532 und 1683 erfolglos.
1679 Die Pest wütet in Wien; rund 30 000 Menschen sterben.
17. Jh. Barocker Bauboom („Vienna gloriosa"); Schloss Belvedere wird gebaut.
1740 Maria Theresia (1717–1780) besteigt den Habsburger Thron. Nach ihrem Tod regiert ihr Sohn Joseph II. bis 1790 auch als römisch-deutscher Kaiser.
1791 Tod des Komponisten Wolfgang Amadeus Mozart (1756–1791).
1805–1809 Franzosen unter Napoleon besetzen Wien. Auf dem Wiener Kongress 1814/1815 wird Europa neu geordnet.
1850 Die Vorstädte werden als Bezirke 2 bis 9 zum Teil Wiens. 1890 Erweiterung Wiens auch durch den äußeren Kreis der Vororte.
ab 1858 Bau der Ringstraße als Prachtboulevard der Donaumonarchie.
1880–1910 Starker Zuzug aus Böhmen, Mähren und Ungarn. Die Einwohnerzahl Wiens steigt von 1,2 auf 2,1 Mio. Menschen.
1914–1918 Erster Weltkrieg. Die Donaumonarchie zerfällt 1918; Österreich wird Republik unter sozialdemokratischer Führung (Austromarxismus) mit Wien als Hauptstadt.
1933–1938 Die christliche Ständeregierung setzt verfassungsmäßige Rechte außer Kraft (Austrofaschismus). 1938 erfolgt der „Anschluss" an das nationalsozialistische Deutschland; Österreich wird zum Reichsgau Ostmark, wo auch in Wien u. a. Juden verfolgt und ermordet werden.
1939–1945 Zweiter Weltkrieg. Nach Kriegsende und schwersten Zerstörungen in Wien – u. a. des Stephansdoms – Aufteilung Wiens wie Österreichs in je vier Besatzungszonen durch die Siegermächte.
1955 Staatsvertrag nach Jahren des Wiederaufbaus: Österreich wird wieder souverän.
1976–1978 Eröffnung der ersten U-Bahn-Strecken in Wien.
1995 Österreich tritt der Europäischen Union bei, 1998 auch dem Schengener Abkommen. Der Euro wird 2002 Zahlungsmittel.
1996 Schloss Schönbrunn wird mit Park und Zoo UNESCO-Welterbestätte, 2001 auch die Wiener Altstadt.
2011 Otto Habsburg (1912–2011) wird in der Kapuzinergruft beigesetzt.
2015 Nach dem Erfolg Conchita Wursts richtet Wien den Eurovision Song Contest aus.
2018 100 Jahre Weltkriegsende und Untergang der Donaumonarchie; 100. Todestag der Künstler Gustav Klimt, Egon Schiele, Otto Wagner und Koloman Moser.

Tipp

Vorteilskarten

Wer in Wien viel vor hat, kann mit der **Vienna City Card** (24/48/72 Std.) Geld sparen. In der roten Version schließt sie freie Fahrt mit U-Bahn, Tram und Bus für die gewählte Dauer (13,90 €/21,90 €/24,90 €) ein; in der Version weiß ersetzt die „Öffis" ein 24-Std. Ticket für Hop-on-Hop-off-Busse (28.– €/31.– €/35.– €). 210 Preisvorteile im Ausmaß von ca. 10 bis 20 % sind in beiden Versionen inbegriffen, so bezahlt man etwa für Tiergarten Schönbrunn statt 18,50 nur 15,50 €. Es wird in den App-Stores auch eine Version für das Smartphone geboten! Erhältlich ist die Vorteilskarte in Hotels sowie in den Tourist-Infos (s. Auskunft), bei Info- und Ticketstellen der Wiener Linien (u. a. Stephansplatz) oder auch online unter www.viennacitycard.at.
Ein ähnliches System bietet der **Vienna PASS** – einmal gekauft, hat man ohne Extrakosten einmaligen Eintritt in über 60 Sehenswürdigkeiten Wiens, teilweise auch außerhalb der Stadt. Anstehen – etwa in Schönbrunn – muss man dank des eingeschlossenen Fast-Track-Systems zudem nicht. Inbegriffen ist auch die Nutzung der Hop-on-Hop-off-Busse. Erhältlich online oder u.a. bei den Tourist-Infos für 1, 2, 3 oder 6 Tage (59.– €/79.– €/99.– €/124.– €; www.viennapass.de) und gegen Aufpreis um Zeitkarten für die „Öffis" zu ergänzen.

Polizei: Tel. 133
Ambulanz/Rettung: Tel. 144
Ärzte-Notdienst: Tel. 141
Nacht- und Sonntagsapotheken (24 Std.): Tel. 1455
ViennaMed Ärzte-Hotline für Gäste (24 Std.): Tel. 01 513 95 95
Zahnärztlicher Nacht- und Wochenenddienst: Tel. 01 512 20 78
Auto-Pannendienst: ÖAMTC Tel. 120

Stadtbesichtigungen

Eine Vielzahl von **Busrundfahrten** erschließt die „Must-Sees", auch die außerhalb gelegenen wie etwa Schloss Schönbrunn. Besonders flexibel ist man mit den gelben Hop-on-Hop off-Bussen von Vienna Sightseeing Tours (www.viennasightseeing.at) unterwegs, die auf vier Routen durch die Stadt pendeln (im Sommer zwei Extra-Routen). Informationen zu den Sehenswürdigkeiten entlang der Strecke kommen über den vielsprachigen Audioguide. Zwei Sightseeing-Routen bietet Big Bus Vienna – die beste Sicht auf Karlskirche und Co. hat man vom Oberdeck der Doppeldeckerbusse (www.bigbustours.com). Die engen Gassen im Zentrum, rund um den Stephansplatz, steuern die Busse nicht an – sie sind Fußgängern vorbehalten!
Von der klassischen Altstadt-Tour über Musik- und Jugendstil-Führungen bis zu Erkundungen in den Vororten reicht das Spektrum der geführten **Spaziergänge,** umfangreich etwa beim Verein Wiener Spaziergänge (www.wienguide.at). Die Spaziergänge finden in der Regel ab drei Teilnehmern und bei jedem Wetter statt, für Einzelreisende sind Anmeldungen im Voraus nicht notwendig. Wien aus ungewöhnlichen Perspektiven bietet die Zusammenstellung auf S. 110.
Die gelbe Vienna Ring Tram ist die einzige **Straßenbahnlinie** Wiens, die eine ganze Runde über die Ringstraße fährt. Ausgangspunkt ist der Schwedenplatz, die Runde dauert etwa 25 Min., Informationen zu den Prachtbauten entlang dem Boulevard kommen via Audioguide.
Von April bis Okt. lässt sich Wien auch vom Wasser aus erkunden. Im Angebot der DDSG Blue Danube sind **Schifffahrten** auf dem Donaukanal und der Donau ebenso wie Themen-Cruises, etwa die „Heurigenfahrt mit Wiener Liedern" (Do.). Ausgangspunkte sind die Schiffsstation Wien City am Schwedenplatz (östl. Altstadt) und die Anlegestelle bei der Reichsbrücke über die Donau und die Neue Donau (www.ddsg-blue-danube.at).
Stilvoll und kostspielig zugleich sind die **Fiaker-Fahrten** durch die Innere Stadt. Vom Stephansdom, Petersplatz, Heldenplatz und Albertinaplatz starten die Kutschen zur kleinen Runde (20 Min./etwa 55.– €) oder zur großen (40 Min./ etwa 80.– €). Auch in Schönbrunn und am Zentralfriedhof sind Fiaker unterwegs. Wer eine „Porzellanfuhre" ordert, der wird besonders sanft und gleichmäßig durch die Gegend kutschiert.

Unterkunft

Wenn schon klotzen, dann ordentlich. Das **€€€ Sacher Wien** hinter der Staatsoper gehört seit 1876 zu den Top-Adressen in Wien und ganz Europa. Rote Bar, Blaue Bar, Suiten – an Luxus lässt das Haus nichts zu wünschen übrig. Die Ausstattung ist klassisch-geschichtsträchtig-edel. Im Sacher Boutique Spa über den Dächern Wiens wird der erschöpfte Wien-Besucher mit dicker Brieftasche nach Strich und Faden verwöhnt (Philharmonikerstraße 4, A-1010 Wien, Tel. 01 514 56 0, www.sacher.com; 179 Zi.)
Sein Äußeres erinnert an ein Raumschiff, das Interieur ist inspiriert durch die Designs der Wiener Werkstätte und die elegante Wohnkultur des Jazz Age. Das **€€€ Topazz** besticht auch durch seine perfekte Lage: im Stadtzentrum, aber doch ein paar Ecken vom Rummel des Stephansplatzes entfernt. Vom Fenster-Diwan geht der Blick auf die Innenstadt, einen eleganten Salon gibt es auch (Lichtensteg 3, A-1010 Wien, Tel. 01 532 22 50, www.hoteltopazz.com).
Der Hotelturm **€€€ Sofitel Vienna Stephansdom** am Donaukanal besticht zum einen durch puristisches Design Jean Nouvels in den Farben Schwarz, Weiß und Grau, zum anderen durch grandiose Stadtpanoramen von den Zimmern aus sowie von Bar und Restaurant **Das LOFT** (s. auch S. 70). Innenstadt und Karmeliterviertel sind jeweils nur einen kurzen Spaziergang entfernt (Praterstraße 1, A-1020 Wien, Tel. 01 906 16 0, www.sofitel-vienna-stephansdom.com/de; 182 Zi.).
Wohnen, wo einst Kaisers Gäste wohnten. Das **€€€/€€ Parkhotel Schönbrunn** kombiniert das Flair der Kaiserzeit mit modernster Ausstattung. Gäste können im Hotelpark oder im unmittelbar benachbarten Schönbrunner Schlosspark entspannen. Mit der U-Bahn ist man rasch am Naschmarkt, am Lainzer Tiergarten oder in der Innenstadt (Hietzinger Hauptstraße 10–14, A-1130 Wien, Tel. 01 878 04, www.austria-trend.at/de/hotels/parkhotel-schonbrunn; 312 Zi.).

Tipp

Wienerlied etc.

Auch abseits klassischer Töne hat die „Welthauptstadt der Musik" Spannendes zu bieten. Formationen wie Kollegium Kalksburg oder Die Strottern haben das Genre des Wienerliedes entstaubt. Grantelnd, charmant und mit schwarzem Humor beschwören sie die ganze Bandbreite des Wiener Herzens. Das kann auch der Liedermacher Ernst Molden in seinen poetischen Miniaturen, etwa wenn er den grantigen „Herrn Ober" zu Wort kommen lässt. Das Theater am Spittelberg (www.theaterамspittelberg.at) ist einer der besten Orte, den neuen „Sound of Vienna" kennen zu lernen.
Auch Musical-Freunde kommen in Wien auf ihre Kosten. Mit dem Ronacher und dem Raimund Theater sind gleich zwei Bühnen auf Musical-Produktionen spezialisiert (www.musicalvienna.at). Und die Volksoper (www.volksoper.at) wartet laufend mit Klassikern des Genres auf.

Wien ist umgeben von gut ausgebauten und beschilderten Stadtwanderwegen – Nummer 1 führt durch die Weinberge am Kahlenberg

Das Haus mit dem traditionsreichen Namen **€€€/€€ K+K Hotel Maria Theresia** liegt im Trendviertel Spittelberg, unweit vom Museums Quartier, ist aber dennoch sehr ruhig. Frühstück braucht man nicht unbedingt dazu buchen – Szene-Lokale und nette Cafés liegen um die Ecke. Die Innere Stadt und die Hofburg sind bequem zu Fuß zu erreichen (Kirchberggasse 6, A-1070 Wien, Tel. 01 52123, www.kkhotels.com/de/vienna/hotel-maria-theresia; 123 Zi.).

Das Designhotel **€€ Zeitgeist Vienna** am Wiener Hauptbahnhof (300 m) bietet zum Stadturlaub auch das Entspannungsprogramm mit Sauna, Fitnessraum und Dachterrasse. Der Check-Out um 14.00 Uhr lässt einem noch einen halben Tag zum Sightseeing (Sonnwendgasse 15, A-1100 Wien, Tel. 01 90265, www.zeitgeist-vienna.com; 254 Zi.).

An den Fassaden des **€€ Boutiquehotels Stadthalle** rankt Blättergrün, auf dem Dach blüht Lavendel, der als Honig ins Bio-Frühstück Eingang findet, gefrühstückt wird bei Schönwetter im grünen Innenhof – man glaubt sich beinahe auf dem Land. Das Öko-Hotel zwischen Westbahnhof und Stadthalle hat für sein Energiekonzept den Umweltpreis der Stadt Wien gewonnen. In die Innenstadt gelangt man mit der Straßenbahn oder der nahen U-Bahn (Hackengasse 20, A-1150 Wien, Tel. 01 9824272, www.hotelstadthalle.at; 79 Zi.).

Preiskategorien

€€€	Doppelzimmer	über 220€
€€	Doppelzimmer	110–220€
€	Doppelzimmer	unter 110€

Nicht nur für Familien ein Tipp ist das im Bezirk Simmering an der U3 gelegene **€€ JUFA Hotel Wien City.** Das Haus ist modern eingerichtet, es gibt einen Fahrradverleih und eine Sonnenterrasse sowie eine hoteleigene Tiefgarage (gegen Aufpreis). In 15 Min. ist man mit der U-Bahn am Stephansplatz (Mautner-Markhof-Gasse 50, A-1110 Wien, Tel. 05 7083700, www.jufa.eu/hotel/wien; 157 Zi.).

Die Mönche vom Schottenstift sind auch im Unterkunftsgewerbe tätig – das **€ Benediktushaus** im Klosterkomplex ist sensationell zentral und abgesehen von Glockenläuten äußerst ruhig. Die Zimmer sind einfach eingerichtet, TV gibt es nicht – jedoch, wer braucht bei dieser Umgebung schon einen Fernseher? Dafür gibt es einen Kaffee- und Teekocher (Freyung 6a, A-1010 Wien, Tel 01 534989 00, www.benediktushaus.at; 21 Zi.).

Ein außergewöhnliches Dach über dem Kopf bietet unweit des Praters **€ Magdas Hotel.** Das Haus entstand auf Initiative der Caritas und bietet auch Menschen mit Fluchthintergrund Jobs. Die Gäste erwarten Zimmer im Upcycling-Design – keines gleicht dem anderen, Schnick-Schnack sucht man vergebens (Laufbergergasse 12, A-1020 Wien , Tel. 01 7200288, www.magdas-hotel.at; 88 Zi.).

Veranstaltungen

Jan. Neujahrskonzert der Wiener Philharmoniker
Febr./März: Opernball, Höhepunkt des Wiener Faschings (letzter Do. vor Aschermittwoch)
April Vienna City Marathon
Mai/Juni Wiener Festwochen, Life Ball im Rathaus, Sommernachtskonzert der Wiener Philharmoniker im Schlosspark Schönbrunn
Ende Juni Donauinselfest
Juni/Juli Jazzfest Wien
Juli/Aug. Musikfilmfestival am Rathausplatz. Staatsoper, Volksoper Burgtheater, Akademietheater geschl.; Sängerknaben in den Ferien, Hofreitschule mit reduziertem Programm
Ende Sept./Anf. Okt. Lange Nacht der Museen
Ende Okt./Anf Nov. Viennale Film-Festival
Nov. Beginn der klassischen Ballsaison am 11.11. (bis Aschermittwoch), Musikfestival Wien Modern
Dez. Weihnachtsmärkte (u. a. Rathaus, Schönbrunn, Spittelberg, Altes AKH)

Anzeige

Villon Weinkeller

Ältester, über 4 Etagen, tiefster Keller im Herzen der Wiener Innenstadt.

Weinbar - HistoryKeller - Weinmuseum - Shop

Wien 1, Graben / Habsburgergasse 4
www.villon.at
info@villon.at
+43 1 967 9129

Erlebnistour mit Audio-Guide in mehreren Sprachen
150 Weine - 44 Weine und Champagner zur Verkostung
Mo - Sa: 10 - 22 Uhr

Kommentierte Weinverkostung/Kellerführung mit Calisto
Fr. / Sa. nur mit Anmeldung

Register

Impressum

1. Auflage 2018
© DuMont Reiseverlag, Ostfildern

Verlag: DuMont Reiseverlag, Postfach 3151, 73751 Ostfildern, Tel. 0711 45 02 0, Fax 0711 45 02 135, www.dumontreise.de
Geschäftsführer: Dr. Thomas Brinkmann, Dr. Stephanie Mair-Huydts
Programmleitung: Birgit Borowski
Redaktion: Horst Keppler
Text: Stefan Spath
Exklusiv-Fotografie: Toni Anzenberger (Abb. auf S. 6 u.l., 10/11, 40, 41, 42, 43, 90, 91, 92, 93, 100 mit freundlicher Genehmigung der Schloß Schönbrunn Kultur- und Betriebsgesellschaft m.b.H. in Wien)
Zusätzliches Bildmaterial: Fotolia (Illustration, S. 5, 87), iStockfoto (Illustration, S. 37, 66, 110), Shutterstock (Illustration, S. 22, 57, 71)
Grafische Konzeption, Art Direktion: fpm factor product münchen
Layout: CYCLUS · Visuelle Kommunikation, Stuttgart
Cover Gestaltung: Neue Gestaltung, Berlin
Kartografie: © MAIRDUMONT GmbH & Co. KG, Ostfildern
Kartografie Lawall (Karten für „Unsere Favoriten")
DuMont Bildarchiv: Marco-Polo-Straße 1, 73760 Ostfildern, Tel. 0711 45 02 266, Fax 0711 45 02 10 06, bildarchiv@mairdumont.com

Für die Richtigkeit der in diesem DuMont Bildatlas angegebenen Daten – Adressen, Öffnungszeiten, Telefonnummern usw. – kann der Verlag keine Garantie übernehmen. Nachdruck, auch auszugsweise, nur mit vorheriger Genehmigung des Verlages. Erscheinungsweise: monatlich.

Anzeigenvermarktung: MAIRDUMONT MEDIA, Tel. 0711 45 02 0, Fax 0711/4502-1012, media@mairdumont.com, http://media.mairdumont.com
Vertrieb Zeitschriftenhandel: PARTNER Medienservices GmbH, Postfach 810420, 70521 Stuttgart, Tel. 0711 72 52 212, Fax 0711 72 52 320
Vertrieb Abonnement: Leserservice DuMont Bildatlas, Zenit Pressevertrieb GmbH, Postfach 810640, 70523 Stuttgart, Tel. 0711 72 52 265, Fax 0711 72 52 333, dumontreise@zenit-presse.de
Vertrieb Buchhandel und Einzelhefte: MAIRDUMONT GmbH & Co KG, Marco-Polo-Straße 1, 73760 Ostfildern, Tel. 0711 45 02 0, Fax 0711 45 02 340
Reproduktionen: PPP Pre Print Partner GmbH & Co. KG, Köln
Druck und buchbinderische Verarbeitung: NEEF + STUMME premium printing GmbH & Co. KG, Wittingen, Printed in Germany

FSC
www.fsc.org
MIX
Papier aus verantwortungsvollen Quellen
FSC® C001857

Anzeige

visiting mozart

1010 Wien | Domgasse 5
täglich 10 - 19 Uhr
www.mozarthausvienna.at

MOZART HAUS VIENNA
mit WIEN MUSEUM MOZARTWOHNUNG

WIEN-TICKET.AT 58885
WIEN KULTUR
mehr wien zum leben. wienholding

Vorschau

Provence

Land des Lavendels
Von Juni bis August ist die Region ein Traum aus Lila !

Das neue Marseille
Die Stadt erlebt einen rauschenden Boom, neue Bauten und Museen locken.

Südliches Flair
Spürbar wird es auf den Märkten, die schönsten stellen wir vor.

Lissabon

Die Schöne am Tejo
Die Highlights der portugiesischen Hauptstadt in vier grandios bebilderten Kapiteln.

Sehnsucht und Trauer
Neue Fadoströmungen und wo man ihn am besten hört.

Raus aus der Stadt
Abstecher nach Cascais, Sintra, Óbidos, Batalha, Mafra und Tomar.

www.dumontreise.de

Lieferbare Ausgaben